AUTORES:

JOSÉ MARÍA CAÑIZARES MÁRQUEZ
CARMEN CARBONERO CELIS

COLECCIÓN OPOSICIONES MAGISTERIO: EDUCACIÓN FÍSICA

ANATOMÍA Y FISIOLOGÍA HUMANAS IMPLICADA EN LA ACTIVIDAD FÍSICA: PATOLOGÍAS RELACIONADAS CON EL APARATO MOTOS. EVALUACIÓN Y TRATAMIENTO EN EL PROCESO EDUCATIVO (VOLUMEN 3)

WANCEULEN
EDITORIAL DEPORTIVA

COLECCIÓN OPOSICIONES MAGISTERIO: EDUCACIÓN FÍSICA

VOLUMEN 3.

ANATOMÍA Y FISIOLOGÍA HUMANAS IMPLICADAS EN LA ACTIVIDAD FÍSICA. PATOLOGÍAS RELACIONADAS CON EL APARATO MOTOR. EVALUACIÓN Y TRATAMIENTO EN EL PROCESO EDUCATIVO.

AUTORES

José Mª Cañizares Márquez

- Catedrático de Educación Física
- Tutor del Módulo del Practicum del Master de Secundaria
- Especialista en preparación de opositores
- Autor de numerosas obras sobre Educación y Preparación Física

Carmen Carbonero Celis

- D. E. A. en Instituciones Educativas
- Licenciada en Pedagogía
- Maestra de Primaria y Secundaria en centros de Educación Compensatoria
- Didacta presencial del Módulo de Pedagogía General en el CAP
- Profesora de Pedagogía Terapéutica en Centro Educación Primaria

Título: ANATOMÍA Y FISIOLOGÍA HUMANAS IMPLICADAS EN LA ACTIVIDAD FÍSICA. PATOLOGÍAS RELACIONADAS CON EL APARATO MOTOR. EVALUACIÓN Y TRATAMIENTO EN EL PROCESO EDUCATIVO.

Autores: José Mª Cañizares Márquez y Carmen Carbonero Celis

Editorial: WANCEULEN EDITORIAL DEPORTIVA, S.L.

C/ Cristo del Desamparo y Abandono, 56   41006 SEVILLA

Dirección web: www.wanceulen.com

I.S.B.N.: 978-84-9993-474-7

Dep. Legal:

© Copyright: WANCEULEN EDITORIAL DEPORTIVA, S.L.

Primera Edición: Año 2016

Impreso en España:

Reservados todos los derechos. Queda prohibido reproducir, almacenar en sistemas de recuperación de la información y transmitir parte alguna de esta publicación, cualquiera que sea el medio empleado (electrónico, mecánico, fotocopia, impresión, grabación, etc), sin el permiso de los titulares de los derechos de propiedad intelectual. Cualquier forma de reproducción, distribución, comunicación pública o transformación de esta obra solo puede ser realizada con la autorización de sus titulares, salvo excepción prevista por la ley. Diríjase a CEDRO (Centro Español de Derechos Reprográficos, www.cedro.org) si necesita fotocopiar o escanear algún fragmento de esta obra.

ÍNDICE

Presentación de la Colección.

Introducción

1. ASPECTOS COMUNES A TENER EN CUENTA EN EL EXAMEN ESCRITO.

    1.1. Criterios de corrección y evaluación que siguen los tribunales.
    1.2. Consejos sobre cómo estudiar los temas. Estrategias.
    1.3. Recomendaciones para la realización del examen escrito. Estrategias.
    1.4. Modelo estandarizado de presentación de examen escrito.
    1.5. Partes estándares a todos los temas.

2. ANATOMÍA Y FISIOLOGÍA HUMANAS IMPLICADAS EN LA ACTIVIDAD FÍSICA. PATOLOGÍAS RELACIONADAS CON EL APARATO MOTOR. EVALUACIÓN Y TRATAMIENTO EN EL PROCESO EDUCATIVO.

COLECCIÓN OPOSICIONES DE MAGISTERIO. ESPECIALIDAD DE EDUCACIÓN FÍSICA

PRESENTACIÓN DE LA COLECCIÓN

Los autores, con muchos años de experiencia en la preparación de oposiciones, hemos plasmado en esta Colección multitud de argumentos y detalles con la finalidad de que cada persona interesada en acceder a la función pública conozca minuciosamente todos los pormenores de la preparación.

La Colección está compuesta por una treintena de volúmenes, de los que veinticinco están dedicados a otros tantos capítulos del temario, y los cinco restantes a cómo hacer y exponer oralmente la programación didáctica y las UU. DD., así como a resolver el examen práctico escrito.

Los destinados a los temas llevan incorporados unos aspectos comunes previos sobre cómo hay que estudiarlos y consejos acerca de cómo realizar el ejercicio escrito.

Los aplicados al examen oral: defensa de la programación y exposición de las U.D.I., también llevan un capítulo referente a cómo es mejor hacer la expresión verbal, el mensaje expresivo, el esquema en la pizarra, etc.

Es decir, los autores no nos hemos ceñido a publicar un temario para las dos pruebas escritas (tema y casos prácticos) y las dos orales (programación y unidades). Hemos querido hacer partícipe de las técnicas que hemos seguido estos años y que tan buen resultado nos han dado, sobre todo a quienes sacaron plaza merced a su propio esfuerzo. No obstante, debemos destacar un aspecto capital: ratio del tribunal, es decir, ¿con cuántos opositores me tengo que "pelear" para conseguir la plaza?

Ya podemos ir perfectamente preparados, que si un tribunal tiene dos plazas para dar y hay diez opositores con un diez… la suerte de tener una décima más o menos en la fase de concurso nos dará o quitará la plaza.

Por otro lado, es conocido que desde hace año en España tenemos diecisiete "leyes de educación", es decir, una por autonomía, además de la que es común para todos y que, como las autonómicas, depende del partido político que gobierne en ese momento. No podemos obviar que la Educación y todo lo que le rodea -incluidos opositores- es un aspecto más de la política, si bien entendemos debería ser justo lo contrario. La formación de nuestros hijos no debe estar en función de unas siglas de unos partidos políticos, porque cuando uno consigue el poder, elimina por sistema lo hecho por el anterior, esté mejor o peor. Ejemplos, por desgracia, hay muchos desde la LOGSE/1990. Así pues, abogamos por un Pacto Educativo que incluya, lógicamente, a opositores y al Sistema de Acceso a la Docencia.

Esto trae consigo que, forzosamente, debamos basarnos en una línea de elementos legislativos. En nuestro caso, además de la nacional, nos remitimos a la de Andalucía. Por ello, las personas opositoras que nos lean deberán adecuar las citas legislativas autonómicas que hagamos a las de la comunidad/es donde acuda a presentarse a las oposiciones docentes.

Para cualquier información corta, los autores estamos a disposición de las personas lectoras en:

oposicionedfisica@gmail.com

INTRODUCCIÓN

Este volumen tiene dos partes claramente diferenciadas:

a) Por un lado tratamos diversos aspectos comunes a todos los temas escritos. Es decir, nos centramos en cómo hay que estudiarlos a partir de los propios criterios de valoración del examen que indica la Consejería de Educación de la Junta de Andalucía, y que suelen ser similares a los de otras autonomías. También incluimos los criterios de otras comunidades, pero no de todas porque se nos haría interminable.

Esta parte también incluye una serie de consejos acerca de cómo estudiar los temas, cuestión que no es baladí porque el opositor está muy limitado por el tiempo disponible para realizarlo.

Esto nos lleva a siguiente punto, el "perfil" de cada opositor, su capacidad grafomotriz muy a tener en cuenta para que en el tiempo dado seamos capaces de tratar el tema elegido con una estructura adecuada a los criterios de evaluación que el tribunal va a usar en la corrección.

Es muy corriente el comentario de "mientras más sepas, más nota sacas y más posibilidades de obtener plaza tienes". Esto trae consigo, en muchas ocasiones, que el opositor se encuentre con "montañas de papeles" sin estructurar, sin saber si un documento reitera lo de otro, sin dominar la capacidad de síntesis ante tanto volumen de definiciones, clasificaciones, teorías, opiniones, etc.

La realidad es muy distinta. El opositor debe llevar preparado al menos veinticuatro documentos (para tener el 100% de que le va a salir en el sorteo un tema estudiado concienzudamente), con la información muy exacta de lo que le da tiempo a escribir correctamente desde todos los puntos: científico, legislativo, autores, estructura del propio examen, sintaxis, ortografía, etc.

Muchas veces nos han preguntado por el conocimiento de los tribunales, si están al día, etc. Nuestra respuesta ha sido siempre la misma: "sabrán más o menos de cada uno de los veinticinco temas, lo leerán con más o menos detenimiento, pero seguro que lo que más saben es corregir escritos porque lo hacen a diario en sus aulas, de ahí que debamos prestar la máxima atención a estos aspectos formales". Para ello añadimos al final una hoja-tipo.

Completamos este primer capítulo con una tabla de planificación semanal que debemos hacer desde un principio para "obligarnos" y seguirla con disciplina espartana, si de verdad queremos tener éxito.

b) Por otro, el Tema 3 totalmente actualizado a fecha de hoy. La persona opositora debe, una vez conozca el volumen de contenidos que es capaz de escribir, hacer un resumen equitativo de cada punto y "cuadrarlo" a su capacidad grafomotriz. A partir de aquí, a estudiarlo... pero escribiéndolo ya que la nota nos la van a poner por lo que escribamos y cómo expresemos esos contenidos. Pero, si en la comunidad donde nos examinemos, el escrito hay que leerlo al tribunal, de nuevo lo haremos, cuanto antes mejor, para ensayar la lectura y que determinadas palabras no se nos "atraganten".

CRITERIOS DE CORRECCIÓN Y EVALUACIÓN QUE SIGUEN LOS TRIBUNALES

Consideramos imprescindible saber **previamente** cómo nos va a evaluar el Tribunal para realizar el examen con respecto a los ítem que va a tener en cuenta. Aportamos varios **modelos** que han transcendido y que, básicamente, se diferencian en la **formulación** de las consideraciones y en su valoración, no en el **fondo**.

CRITERIOS DE EVALUACIÓN EN ANDALUCÍA.

La Consejería de Educación de la Junta de Andalucía informa a los sindicatos, en mayo de 2007, sobre un "borrador" de criterios de evaluación para el "Concurso Oposición al Cuerpo de Maestros 2007". Posteriormente, como pudimos comprobar esa convocatoria y las siguientes, estos criterios se hicieron "firmes".

Transcribimos literalmente los cinco puntos a considerar sobre el tema escrito:

CRITERIOS GENERALES TEMA ESCRITO

Estructura del tema.

   a) Presenta un índice.
   b) Justifica la importancia del tema.
   c) Hace una introducción del mismo.
   d) Expone sus repercusiones en el currículum y en el sistema educativo.
   e) Elabora una conclusión acorde con el planteamiento del tema.

Contenidos específicos.

   a) Adapta los contenidos al tema.
   b) Secuencia de manera lógica y clara sus apartados.
   c) Argumenta los contenidos.
   d) Profundiza en los mismos.
   e) Hace referencia al contexto escolar.

Expresión.

   a) Muestra fluidez en la redacción.
   b) Hace un uso correcto del lenguaje, con una buena construcción semántica.
   c) Emplea de forma adecuada el lenguaje técnico.

Presentación.

   a) Presenta el escrito con limpieza y claridad.
   b) Utiliza un formato adecuado teniendo en cuenta el apartado 4 del artículo 7.4.1. de la Orden de 24 de marzo de 2007, BOJA nº 60 del 26/03/2007.
   Nota: Se refiere a aspectos formales tales como no firmar el examen, entregarlo en un sobre con etiquetas, etc.

Bibliografía/Documentación.

   a) Fundamenta los contenidos con autores o bibliografía.

b) Sitúa el tema en el marco legislativo pertinente.

La Consejería de Educación de la Junta de Andalucía informa a los sindicatos, en **junio de 2015**, sobre los criterios de evaluación para el "Concurso Oposición al Cuerpo de Maestros 2015". Transcribimos literalmente los cuatro puntos a considerar sobre el tema escrito:

CRITERIOS GENERALES A TENER EN CUENTA EN LA CORRECCIÓN DEL TEMA ESCRITO (JUNIO 2015).

1. Estructura del tema.

a) Secuencia de manera lógica y clara cada uno de los apartados del tema
b) Expone con claridad

2. Contenidos.

a) Argumenta y justifica científicamente los contenidos
b) Conoce y tarta con profundidad el tema
c) Realiza una transposición didáctica de la teoría expuesta a la práctica
d) Fundamenta los contenidos con autores y bibliografía que realmente hagan referencia al contenido en cuestión, así como a la normativa vigente

3. Expresión.

a) Redacta con fluidez
b) Usa correctamente el lenguaje y presenta una adecuada construcción sintáctica
c) Usa con propiedad el lenguaje técnico específico de la especialidad
d) No se aprecian divagaciones, reiteraciones, etc.

4. Presentación.

a) El ejercicio es legible: no hay que estar deduciendo qué quiere decir ni traduciendo el texto
b) Se observa limpieza y claridad en el ejercicio
c) Usa un formato adecuado

CRITERIOS GENERALES A TENER EN CUENTA EN LA CORRECCIÓN DEL TEMA ESCRITO
(Comunidad de Castilla-La Mancha)

Los criterios de evaluación del tema escrito (Comunidad de Castilla-La Mancha), que tuvieron los tribunales en cuenta en la convocatoria de 2007 y que fueron establecidos por la Comisión de Selección de la Especialidad de Educación Física, son:

CRITERIOS PARA EVALUAR EL TEMA ESCRITO. PARTE "A"	Puntuación
1.- Introducción, justificación, índice y mapa conceptual.	(MÁXIMO 1,5 puntos)
2.- Contenidos específicos	
2.1.-Trata todos los epígrafes del tema. 2.2.- Adecuación de los contenidos al tema. Los contenidos se ajustan al tema. 2.3.- Profundización de los mismos. 2.4.- Organización lógica y clara en cada punto. Atendiendo al índice. 2.5.- Argumentación de los contenidos. 2.6.- Referencia al contexto escolar. 2.7.-Relaciona con otros temas del currículum. 2.8.- Originalidad y creatividad en el tema.	(MÁXIMO 6,5 puntos)
3.-Bibliografía	
3.1.- Bibliografía específica del tema. Cita autores y hace referencias bibliográficas. 3.2.- Aspectos legislativos. Hace referencia a la legislación nacional y autonómica.	(MÁXIMO 0,75 puntos)
4.- Conclusión y valoración personal	(MÁXIMO 0,75 puntos)
5.- Aspectos formales. Presentación, estructura, organización, uso de vocabulario técnico.	(MÁXIMO 0,5 puntos)
6.- Errores	
a. Divagaciones b. Faltas de ortografía c. Errores garrafales	SE VALORARÁ NEGATIVAMENTE POR PARTE DEL TRIBUNAL
Total	10 Puntos.

OTROS CRITERIOS GENERALES A TENER EN CUENTA EN LA CORRECCIÓN DEL TEMA ESCRITO

Otros tribunales siguieron unos criterios de evaluación del examen escrito como los que ahora reflejamos:

		CRITERIOS PARA EVALUAR EL TEMA ESCRITO	
1		Introducción, índice y mapa conceptual	Máximo 1 punto
2		Nivel de contenidos	Máximo 5 puntos
	2.1.	Trata todos los epígrafes del tema	
	2.2.	Los contenidos se ajustan al temario	
	2.3.	Relaciona con otros temas del curriculum	
	2.4.	Hace referencia a la legislación nacional y autonómica	
	2.5.	Cita autores y/o referencias bibliográficas	
3		Aspectos formales: presentación, estructura, organización, vocabulario y ortografía	Máximo 3 puntos
4		Conclusión, valoración personal y bibliografía	Máximo 1 punto

Esta tabla tuvo su origen en la Convocatoria de Castilla La Mancha hace unos años. Sus criterios siguen vigentes.

Cuadro resumen de los Criterios de Evaluación	Temas A

1.- Contenidos específicos
  a. Adecuación de los contenidos al tema.
  b. Profundización de los mismos.
  c. Organización lógica y clara en cada punto (Índice).
  d. Argumentación de los contenidos.
  e. Referencia al contexto escolar.
  f. Originalidad y creatividad en el tema.
	2,75 puntos

2.- Introducción y conclusión
  a. Justificación de la importancia del tema.
  b. Repercusiones en nuestra área y en el Sistema Educativo.
  c. Buena introducción del tema.
  d. Conclusión.
	0,5 puntos

3.- Expresión
  a. Fluidez del discurso.
  b. Buena redacción, sin errores sintácticos, redundancias...
  c. Uso del lenguaje técnico.
	1 puntos

4.- Presentación
  a. Limpieza y claridad.
  b. Formato con variedad de recursos (gráficos, sangrías, diferenciación entre títulos, subtítulos, contenidos, esquema, etc.)
	0,5 puntos

5.-Bibliografía
  a. Bibliografía específica del tema.
  b. Aspectos legislativos.
	0,25 puntos

Penalizaciones
  a. Divagaciones
  b. Faltas de ortografía
  c. Errores garrafales
	A restar según criterio del propio tribunal

Totales	5 Ptos.

En 2013, la Convocatoria de Castilla-La Mancha incluían estos criterios:

PARTE 1B *DESARROLLO DE UN TEMA DE LA ESPECIALIDAD*	PESO ESPECÍFICO
1. Estructurar el tema de forma coherente, secuenciada, justificada y equitativa con todos los apartados.	25%
2. En relación a los contenidos desarrollados, responder al tema planteado, adaptándose al currículum, con aportaciones teórico-prácticas, siendo funcional para la práctica docente.	40%
3. Ser original y creativo en el desarrollo del tema, estableciendo conexiones con otros contenidos del currículum, con aportaciones personales fundamentadas que revelan la creación propia e inédita del mismo.	15%
4. El tema será afín a unas bases teóricas, a una fundamentación científica de la que parte el currículum, al tiempo que aporta ideas nuevas.	5%
5. Mostrar una lectura fluida y comprensible, con una actitud transmisora y un desarrollo expositivo que se ciñan al tema.	15%

CONSEJOS SOBRE CÓMO ESTUDIAR LOS TEMAS. ESTRATEGIAS.

Exponemos una serie de consejos que solemos dar a nuestros opositores:

- Cada uno tiene un "método" que ha experimentado durante su vida de estudiante, sobre todo a nivel universitario, de ahí que nuestra influencia sea relativa. No obstante, muchos nos reconocen que *"nunca hemos estudiado en profundidad hasta comenzar a prepararnos las oposiciones"*.

- Reconocemos que hay **múltiples** formas de estudio. Hemos tenido opositores que necesitaban estar tumbados, otros sentados y en total silencio, otros tenían que tener forzosamente una tenue música de fondo, etc. Es decir, existen muchas maneras con más o menos **dependencia/independencia** de **campo**.

- Unos precisan **luz** natural, otros luz blanca o azul, con flexo cercano o con la de la lámpara del techo…

- Hay quien prefiere estudiar a base de **resúmenes** hechos en un procesador de textos y otros, en cambio, tenían que estar a mano.

- Muchos prefieren **grabar** verbalmente los contenidos para reproducirlos cuando viaja, corre, nada o anda y así aprovechar estos "tiempos muertos".

- Otros requieren **gráficos** y mapas conceptuales. Incluso, hemos tenido los que preferían hacer un póster-esquema y colgarlo a la pared para leerlo de pie…

- Otro grupo lo conforman aquellos que prefieren subrayar o señalar los puntos clave con rotulador marcador tipo fluorescente, otros a lápiz... Eso sí, lo señalado debe tener encadenamiento o cohesión interna para verterlo, ya redactado, en el examen, de ahí que **debamos estudiar escribiendo**, porque el examen escrito trata de ello.

- Debemos usar bolígrafos de gel por ser más rápidos en su trazo y papel tamaño A4, que es el que nos van a proporcionar el día del examen. Ojo a los tipos de **bolígrafos permitidos** por los tribunales, debemos estar muy atentos a lo que nos dicen el día de la **presentación**. Independientemente de ello, debemos acostumbrarnos a poner el folio directamente sobre la superficie dura de la mesa, ya que así la velocidad de escritura es superior que si lo situamos encima de otros folios porque éstos hacen que el espacio de apoyo nos frene por ser más blando. Un **reloj** para controlarnos los tiempos es imprescindible también.

- En cualquier caso, no sería bueno estudiar más de dos horas seguidas, sobre todo si estamos sentados. Ello, normalmente, acarrea contracturas dorso-lumbares, en los miembros inferiores, etc. con el consiguiente dolor y molestia. Lo mismo podemos decir a nivel de nuestra visión.

- Realizar **actividad física o deportiva** varias veces a la semana es muy aconsejable por simple razón de compensación y revitalización personal.

- Es bueno, pues, cada dos horas aproximadamente, hacer un **alto horario** de 8-10 minutos para despejarnos mentalmente y estirarnos físicamente. Beber **agua** y la ingesta de **fruta** suele ser positivo. Esto es extensible al día del examen de la oposición.

- No obstante, si la convocatoria nos dice que el escrito durará más de este tiempo, debemos paulatinamente aumentar las dos horas hasta llegar al **tope** marcado.

- Siempre recomendamos realizar una **planificación** semanal personalizada, que regule nuestro **tiempo** destinado al estudio (avance y repaso de los temas del escrito, casos prácticos, exposición oral), al trabajo, deporte, ocio, obligaciones familiares, etc. Ver tabla/ejemplo en la página siguiente.

- **¿Cuánto tiempo dedicar al estudio?** No podemos dar "recetas" pues depende del nivel previo de cada opositor. Hay quien trae excelentes aprendizajes previos de la carrera y hay quien ese nivel lo trae demasiado básico. Otros ya tienen experiencias en oposiciones, etc. Así pues cada uno debe auto regularse en función de sus capacidades y sus circunstancias personales. Genéricamente podemos indicar que, al menos, 4-6 horas/día divididas por un descanso de 10-15 minutos puede ser un estándar adecuado. A partir de ahí, personalizar en función del avance o no obtenido.

- Siempre debemos tener un "**molde personal**" en función de la capacidad grafomotriz, habida cuenta el **ahorro** de tiempo y energía que nos supone seguir esta estrategia.

- De cualquier forma, debemos respetar el dicho popular "*lo que no se recuerda, no se sabe*", de ahí **memorizar comprensivamente** lo más significativo.

- La **memoria**, al igual que ocurre con la condición física, se mejora ejercitándola con frecuencia.

- Tan importante es memorizar un tema nuevo como no olvidar los ya aprendidos, por lo que es necesario **consolidar**, repasando, lo estudiado. Comprobar que dominamos temas anteriores mejora nuestra capacidad de auto concepto.

- De ahí la importancia de estudiar teniendo delante nuestro **resumen personalizado** y olvidarnos de aumentar los contenidos del tema porque, además de crearnos inquietudes, posiblemente no podamos reflejar todo lo que sabemos en el tiempo que tenemos de examen.

Mostramos en el siguiente **gráfico** un claro y rápido ejemplo de cómo auto planificarse el estudio durante la semana a partir de tres **módulos** diarios:

EJEMPLO DE PLANIFICACIÓN SEMANAL-TIPO
Combinación de estudio-repaso-programación-UU.DD.-prácticos-trabajo profesional-descanso

LUNES	MARTES	MIÉRCOLES	JUEVES	VIERNES	SÁBADO	DOMINGO
MAÑANA	MAÑANA	MAÑANA	MAÑANA	MAÑANA	MAÑANA	MAÑANA
TRABAJO	Estudio tema nuevo semana	TRABAJO	Repaso tema nuevo	TRABAJO	Casos Prácticos	Libre
TRABAJO	Estudio tema nuevo semana	TRABAJO	Programación	TRABAJO	Casos Prácticos	Libre
TARDE	TARDE	TARDE	TARDE	TARDE	TARDE	TARDE
Estudio tema nuevo semana	Programación	Repaso temas anteriores	UU. DD.-U.D.I.	Sesión de clase con preparador	Repaso temas anteriores	Repaso temas anteriores

RECOMENDACIONES PARA LA REALIZACIÓN DEL EXAMEN ESCRITO. ESTRATEGIAS.

NOTA: Muchos de los consejos que ahora damos, sobre todo los relacionados con la presentación, escritura, etc. son también aplicables a la realización por escrito de los casos prácticos, si los hubiera.

En las convocatorias anteriores se ha comprobado que la mayoría de aprobados en el examen escrito tenían **buena letra**, además de contenidos notables. Efectivamente, entre los criterios de evaluación que utilizan los tribunales hay algunos puntos destinados a la **presentación** que no podemos desechar. Incluso, si la Orden de la Convocatoria indica que el opositor deberá **leer** su propio **examen** ante el tribunal, éste suele comprobar posteriormente su estructura, sintaxis, ortografía, etc.

No llegar a tiempo a los llamamientos supone la primera **precaución** a tomar. En ocasiones, las instalaciones donde se celebran las oposiciones se ven saturadas desde varios kilómetros antes de llegar. A ello hay que sumar el tiempo para aparcar, buscar el aula asignada, etc. **Llegar tarde** puede suponer la **no presentación** y la consiguiente **eliminación**.

Gracias a las observaciones hechas por los tribunales de años anteriores y por los criterios de evaluación que han transcendido, estamos en disposición de apuntar una serie de anotaciones a considerar por las personas opositoras durante su periodo de preparación con nosotros. Habitualmente los tribunales reservan parte de la nota total para los **aspectos "formales"** del examen, que ahora comentamos. Esto es de vital importancia porque dos opositores con igual cantidad y calidad de contenidos, sacará mejor nota quien mejor lo presente. Ante ello, reservar algunos minutos para poder **revisar** el examen antes de entregarlo, teniendo en cuenta lo siguiente:

- Nadie aprueba con **mala letra**. Igual decimos de la presentación y limpieza.
- Esto lo hacemos extensivo a las faltas de **ortografía**, acentuación, mala **sintaxis**, incorrecciones **semánticas**, **expresión** y **redacción**, **vulgarismos**, **repetir la misma palabra** continuadamente, **tachones**, suciedad, etc. No podemos "escribir igual que hablamos". También, no poner el número del tema elegido o su título. Otro error habitual es el mal uso de los puntos, bien seguido, bien aparte.
- Debemos escribir por **una carilla** -al menos que el tribunal indique otra cosa- con letra más bien grande para facilitar su lectura. No poner detalles como "no recuerdo..."; "creo que..."; "no me da tiempo..."; "me parece que es...".
- La **media** de **folios** (carillas o páginas) que suelen hacer nuestros preparados están entre **14 y 16**, con **17-22 renglones** cada una (20 lo habitual) y **9 palabras/renglón**, teniendo en consideración unos **márgenes laterales** y **superior e inferior** de 2 a 2'5 centímetros. No obstante, conforme avanza la preparación y la habilidad para escribir este tipo de examen, hay quien aumenta el volumen de páginas de manera significativa, pero siempre manteniendo y respetando los criterios de evaluación que suelen tener los tribunales: letra, limpieza, construcción semántica, ortografía, etc. Si preferimos escribirlo en un procesador de textos, como puede ser "Word", el número de palabras suele estar alrededor de las 2400-2700, aproximadamente.
- Los **renglones** deben ser **paralelos** y siempre con el mismo **interlineado**. En caso de tener problemas para hacerlo, podemos llevarnos una **plantilla** ya hecha, como una hoja tamaño folio de cuaderno de rayas, o bien hacerla allí

mismo con lápiz y regla. Si tampoco pudiese ser (a veces los tribunales han hecho especial hincapié en "no entrar con plantilla, regla, etc."), nos esmeraríamos en la realización de la primera página, aunque tardásemos más tiempo, y ésta nos serviría como "falsilla" o planilla de renglones. Otro **truco** es hacerla a partir del **DNI** al que previamente le hemos hecho unas señales minúsculas con la anchura que deseamos. Éste nos sustituiría a la regla.

- No se puede ser "loco o loca" escribiendo. Para ello es importante el **entrenamiento** durante el periodo de preparación. De ahí surge la **automatización** de todos estos aspectos, además del sangrado, márgenes, etc. No poner abreviaturas.
- Por otro lado debemos **numerar** las hojas, incluso algunos lo hacen poniendo "1 de 15; 2 de 15…".
- La utilización de **dos colores** de tinta **no** suele estar **permitido**, como tampoco subrayados para señalizar los títulos, epígrafes, ideas fundamentales, etc., al menos que el tribunal exprese lo contrario. En todo caso, **preguntar** al tribunal antes de empezar si es posible su uso, así como de tippex. También si se pueden poner gráficos, flechas, tablas, etc., si el tribunal lo permite, pero la Orden de la Convocatoria suele prohibirlo por considerarlo posible "**señal**". Un **bolígrafo** tipo **gel** y apoyarnos sobre un **superficie dura** para que éste se deslice mejor, nos permite mayor velocidad de escritura manteniendo su calidad. Quienes suelen hacer tachaduras, previendo que no les dejen usar tippex, pueden optar por un **bolígrafo borrable por fricción** (marca Pilot o similar) que elimina cualquier rastro de su propia tinta. No obstante, determinados "bolígrafos rápidos" que se basan en tinta tipo gel, suelen ser peor para opositores **zurdos**, por razones obvias. Recordamos la necesidad de seguir exactamente las **instrucciones** que nos dé el tribunal al respecto, habida cuenta tenemos experiencias sobre la **anulación** de exámenes por el uso de este tipo de herramienta de escritura.
- No olvidemos que la mayoría de los títulos de los temas tienen tres puntos, por lo que debemos **dividir** la totalidad de materia que escribamos en tres partes similares. De esa forma, evitamos exponer mucho contenido de una parte en perjuicio de otra. Así pues, normalmente haremos tres puntos con varios sub-puntos cada uno buscando la conexión entre los mismos. Además, pondremos el **índice** al principio, tras el título, **introducción, conclusiones, bibliografía** -que incluye la legislación- y webgrafía. En **resumen**, queda muy bien, limpio y "amplio", la estructuración del examen de esta manera:

    - **Título** del Tema. 1ª página. Mayúsculas y en una única página.
    - **Índice**. 2ª página. En una sola página.
    - **Introducción**. 3ª y 4ª página. Debe tener cierta peculiaridad con objeto de atraer la curiosidad del corrector. Nombrar los descriptores del título y en cada uno dar una o dos referencias del mismo. Podemos "presentarlo" a través de su importancia en el currículo y citar sus referencias legislativas. Usar, preferentemente, dos páginas.
    - **Apartados o descriptores** y los sub-apartados. 5ª página. Es el eje alrededor del cual gira la nota relativa a los contenidos. Incluye definiciones, clasificaciones, teorías, líneas metodológicas, referencias curriculares, aplicaciones prácticas, actividades, etc., todo ello citando a autores y normativa que luego quedarán reflejados en la bibliografía, pero con una redacción técnica. En cualquier caso debemos marcar claramente cuándo finalizamos el primer punto y comenzamos el siguiente. Si somos "olvidadizos", podemos dejar un interlineado relativamente amplio por si nos acordamos después de algún detalle olvidado y deseamos incorporarlo sin tachones.

- **Conclusiones**. Lo más notable que hemos tratado, los puntos clave. Al ser lo último que el corrector lee, deben estar muy cuidadas porque puede influir decisivamente en la nota.
- **Bibliografía**. Reseñar algún libro "comodín" y de los autores nombrados anteriormente. También la legislación significada.
- **Webgrafía**. Alguna general, como revistas digitales, o específica.

En cualquier caso, es **imprescindible** conocer los **criterios de evaluación** que van a seguir los tribunales, máxime si son públicos, como viene ocurriendo en varias comunidades autónomas, y en Andalucía de forma más concreta, tal y como hemos citado en el capítulos anteriores. Debemos, pues, hacer caso de ellos y citar o desarrollar todos los **aspectos** que los criterios mencionan.

Precisamente, el tiempo no lo podemos "regalar" ni despreciar, por lo que si terminamos el examen y aún quedan cinco o diez minutos, debemos **repasar** lo escrito por si se nos ha olvidado algo relevante o no hemos puesto la debida atención a las faltas gramaticales, sesgos sexistas, escritura con "códigos SMS", etc. Así pues, debemos agotar el tiempo subsanando cualquier error.

Si la preparación ha sido buena, nada más hacerse el sorteo de los temas, debemos decidirnos por uno. Inmediatamente nos concentramos y empezamos a desarrollarlo, porque debemos ya tener "**automatizada**" su escritura. Si empezamos a dudar, comenzamos a perder el escaso tiempo que nos dan.

En caso de haber estudiado con "**esquemas**", lo mejor sería hacernos uno en sucio para usarlo como guía en la redacción del examen. Este folio nos sirve también para tomar notas, para ir estructurando el tema, etc. Pero, repetimos, la escritura del tema debemos tenerla automatizada porque si no perdemos el tiempo. Esta hoja la destruiríamos al terminar.

Si hemos preparado una introducción, conclusiones, bibliografía y webgrafía "estándar", podemos irlas escribiendo en el llamado "**tiempo perdido**" que suele haber desde que nos dan los folios hasta que sortean los números de los temas. Después podemos añadir los rasgos específicos del tema ya elegido.

Nuestros preparados suelen preguntarnos por la expresión a usar. Aconsejamos el "**plural mayestático**" (*nosotros, ahora vemos, podemos seguir, observamos*, etc.)

Otro aspecto importante es la **elección** del tema de entre los sorteados. Debemos hacer el que dominemos mejor, el que ya lo hayamos escrito muchas veces durante la preparación, el que nos garantice escribir más folios, en suma, el que nos dé más seguridad.

No olvidar llevarse **agua** y alguna pieza de **fruta**. Normalmente a finales de junio suele hacer mucho **calor** y la sensación de éste aumenta con la tensión del examen.

Ahora adjuntamos una **hoja con un resumen** de los **aspectos formales** del examen escrito del tema, aunque aplicable también a la redacción de los **casos prácticos**.

MODELO ESTÁNDAR DE PRESENTACIÓN PARA PRUEBA ESCRITA

2.- COORDINACIÓN Y EQUILIBRIO EN LA INICIACIÓN AL FÚTBOL ESCOLAR

2.1. CONCEPTUALIZACIONES PRELIMINARES.

Desde un primer momento es adecuado tener en cuenta que cualquier movimiento, por mínimo que sea, requiere coordinación y equilibrio adecuados. Por ejemplo, abrir y cerrar una mano conlleva que una serie de grupos musculares realicen (agonistas) la acción y que otros se relajen (antagonistas) para que aquéllos puedan actuar, así como que otros grupos estabilicen (fijadores) los de la muñeca para que lo anterior pueda tener lugar (Téllez, 2014).

La coordinación nos permite hacer lo pensado, es decir, realizar la imagen mental que nos hemos hecho, el esquema motor. Está íntimamente ligada a las habilidades y destrezas básicas a través de su relación con la coordinación dinámico general y la coordinación óculo-segmentaria, respectivamente (Mateos y Garriga, 2015).

Precisamente, las edades porpias de la Primaria son las más críticas para el desarrollo de las capacidades coordinativas (Bugallal, 2011).

Si nos fijamos atentamente en un partido de fútbol podemos observar numerosas acciones diferentes y que, mal hechas, pueden producir lesiones, como dejinses:

a) Carreras
b) Saltos
c) Giros
d) Lanzamientos

Todos ellos con infinidad de VARIANTES. Para que todos esos gestos "salgan bien" ~~havrá~~ habrá sido necesario un director que regule todos los mov. Esta es la función del sistema nervioso.

PARTES ESTÁNDARES A TODOS LOS TEMAS.

Muchas de las personas que preparamos tienen **problemas** por la falta de tiempo o de, simplemente, por ser poco capaces de aprender **introducciones, conclusiones, bibliografías, legislación y webgrafía** de cada uno de los temas.

Uno de los **remedios** para no "castigar" la memoria es confeccionarse unos "**estándares**" o "**comunes**" que den servicio a estos apartados.

Si a ello le unimos la racionalidad en la confección del Índice, a partir de los tres o cuatro apartados o descriptores del título del tema, hemos ahorrado un esfuerzo a nuestra memoria.

Así pues, vamos a dar una serie de **consejos** para que cada persona lectora los elabore de una forma sencilla pero eficaz unos textos usuales, si bien deberíamos a continuación podríamos **complementarlos** con unos **rasgos específicos** del tema que, prácticamente, nos vienen dado por el **título** del tema que nos escribirá el tribunal en la pizarra de la sala de examen. Por ejemplo, si la Introducción la hacemos en dos páginas, los aspectos comunes pueden suponer entre el 60-75 %, es decir, página y un tercio de la siguiente. Si la Conclusión la hacemos en una única, las tres cuartas partes podemos dedicarla a los textos estandarizados y el resto a los concretos del tema escrito.

INTRODUCCIONES COMUNES A TODOS LOS TEMAS

Cuando hemos hablado con los componentes de los tribunales, habitualmente nos indican que suelen fijarse en el "detalle" de si el opositor ha puesto desde el principio o no **referencias** a la **legislación actual**, debido a que suelen entender que cualquier tema debe redactarse **a partir** de las leyes educativas, decretos y órdenes que las desarrollan. Así pues, debemos hacer mención, **respetando su jerarquía**, de:

- Ley Orgánica 8/2013, de 9 de diciembre, para la mejora de la calidad educativa (LOMCE). B.O.E. nº 295, de 10/12/2013.
- Ley Orgánica 2/2006, de 3 de mayo, de Educación (LOE). B.O.E. nº 106 del 04/06/2006. (Modificada por la LOMCE/2013).
- Ley 17/2007, de 10 de diciembre, de Educación en Andalucía. B.O.J.A. nº 252, de 26/12/2007.
- M. E. C. (2014). *Real Decreto 126/2014, de 28 de febrero, por el que se establece el currículo básico de la Educación Primaria*. B. O. E. nº 52, de 01/03/2014.
- M.E.C. (2015). *Orden ECD/65/2015, de 21 de enero, por la que se describen las relaciones entre las competencias, los contenidos y los criterios de evaluación de la educación primaria, la educación secundaria obligatoria y el bachillerato*. B.O.E. nº 25, de 29/01/2015.
- JUNTA DE ANDALUCÍA (2015). *Decreto 97/2015, de 3 de marzo, por el que se establece la ordenación y el currículo de la educación Primaria en la comunidad Autónoma de Andalucía*. BOJA nº 50 de 13/013/2015.
- JUNTA DE ANDALUCÍA (2015). *Orden de 17 de marzo de 2015, por la que se desarrolla el currículo correspondiente a la educación Primaria en Andalucía*. BOJA nº 60 de 27/03/2015.

No obstante, entendemos que sería un buen detalle **citar** también a las **Competencias Clave**, habida cuenta su importancia a partir de la publicación de la LOE/2006, actualizada por la LOMCE/2013.

Igualmente podemos hacer mención a la legislación correspondiente a la evaluación o a la relacionada con la atención a la **diversidad**, pero tanto texto no nos cabe, de ahí la necesidad de **sintetizar** la información que consideremos más representativa.

Otra línea es plasmar alguna "**frase hecha**", como "*enseñar Educación física con éxito supone diseñar una programación coherente con el contexto, disponer de un amplio abanico de estrategias didácticas, generar un clima de clase que invite al aprendizaje, utilizar adecuadamente los recursos materiales y tecnológicos e integrar la evaluación en el proceso de aprendizaje*" (Blázquez y otros, 2010).

Otro ejemplo puede ser: "*Uno de los fines genéricos que persigue la Educación Física escolar es el de favorecer la ubicación personal del alumno/a en la sociedad, en una cultura corporal donde la escuela proporcione al alumnado los medios apropiados para su acceso y, en consecuencia, conseguir los beneficios que de ella pueden conseguir: desarrollo personal; equilibrio psicofísico; mejorar la salud; disfrutar del tiempo de ocio; etc., así como el desarrollo de la autonomía personal ante las influencias que imponen los nuevos mitos sociales*". "*El cuerpo y el movimiento como ejes básicos de nuestra acción educativa*"; "*el área de Educación Física se muestra sensible a los acelerados cambios que experimenta la sociedad…*"; "*la importancia de las relaciones interpersonales que se generan alrededor de la actividad física permiten incidir en la asunción de valores como el respeto, la aceptación, la cooperación…*", procedentes de legislaciones pasadas, como el R. D. 1513/2006, pero de plena actualidad por la temática expresada.

Posteriormente, en la Introducción debemos hacer referencias a la materia que trata el tema elegido, lo que antes hemos referenciado como "rasgos específicos". Esto nos resulta fácil con un poco de práctica, simplemente comentando una o dos líneas a partir del título del tema que el tribunal detalla en la pizarra. No obstante, el sentido de lo que expresemos debe ir encaminado a lo que "vamos a tratar en el desarrollo del tema…"

CONCLUSIONES COMUNES A TODOS LOS TEMAS

Si en las introducciones se basan en lo que "vamos a estudiar en el tema…", con las Conclusiones ocurre al contrario: "a lo largo del tema hemos visto (escrito, estudiado, tratado, etc.) la importancia de…" Para ello podemos **actuar** como antes, es decir, un par de **párrafos comunes** a todas las temáticas. Por ejemplo, "la trascendencia del conocimiento del propio cuerpo, vivenciándolo y disfrutándolo, además de respetarlo". Otra posibilidad es incluir un párrafo basándonos en algunos ejemplos de estos textos **estandarizados**:

"*Todos los niños y niñas tienen el derecho a una educación de calidad que permita su desarrollo integro de sus posibilidades intelectuales, físicas, psicológicas, sociales y afectivas*" (Decreto 328/2010). "*Entendemos la etapa de primaria como fundamental para el desarrollo de las capacidades motrices del alumnado y donde el docente debe observar las deficiencias de éstos para corregirlas lo más rápidamente posible*".

En Andalucía, la O. 17/03/2015, indica que: "*la Educación Física es un área en la que se optimizan las capacidades y habilidades motrices sin olvidar el cuidado del cuerpo, salud y la utilización constructiva del ocio. En Educación física se producen relaciones de cooperación y colaboración, en las que el entorno puede ser estable o variable, para conseguir un objetivo o resolver una situación. La atención selectiva, la interpretación de las acciones de otras personas, la previsión y anticipación de las propias acciones teniendo en cuenta las estrategias colectivas, el respeto de las normas, la resolución de problemas, el trabajo en grupo, la necesidad de organizar y adaptar las respuestas a las variaciones del entorno, la posibilidad de conexión con otras áreas, el juego como herramienta primordial, la imaginación y creatividad".*

Posteriormente plasmamos algunos rasgos de lo más característico que hemos escrito durante la redacción del tema escogido. Realmente se trata de que destaquemos lo más trascendental de cada uno de los apartados de los descriptores del título, pero con información nueva, expresando que "a lo largo del tema hemos visto la importancia de..." o "hemos indicado en la redacción del tema los conceptos, clasificaciones, didáctica de...".

BIBLIOGRAFÍA COMÚN A TODOS LOS TEMAS

Hay quien diferencia **bibliografía** de **legislación**. Nosotros, al estar ambos documentos en formato papel, lo **unificamos**.

Evidentemente cada tema tiene una serie de volúmenes principales o monográficos de apoyo, pero también está muy claro que hay una serie de **libros generales de didáctica** que vienen muy bien tenerlos en cuenta para ponerlos en la mayoría de los temas. Son las publicaciones que habitualmente se manejan en las facultades de Magisterio. Los tribunales suelen valorar más ediciones de los **últimos años**, aunque siempre habrá libros "clásicos", sobre todo las **monografías** de conocidos autores y que son muy **específicas** de los **temas**. Por ejemplo, Delgado Noguera en temas relacionados con la metodología y organización; Blázquez con evaluación y con la iniciación deportiva; Rigal en motricidad, etc.

Algunos ejemplos de bibliografía **común**, es decir, libros que prácticamente en su totalidad tratan **todas** las **materias** de los veinticinco temas, son:

ADAME, Z. y GUTIÉRREZ DELGADO, M. (2009). *Educación Física y su Didáctica. Manual de Programación*. Fondo Editorial de la Fundación San Pablo Andalucía CEU. Sevilla.

ARRÁEZ, J. M.; LÓPEZ, J. M.; ORTIZ, Mª M. y TORRES, J. (1995). *Aspectos básicos de la Educación Física en Primaria. Manual para el Maestro*. Wanceulen. Sevilla.

BLÁZQUEZ, D.; CAPLLONCH, M.; GONZÁLEZ, C.; LLEIXÁ, T.; (2010). *Didáctica de la Educación Física. Formación del profesorado*. Graó. Barcelona.

CAÑIZARES, J. Mª y CARBONERO, C. (2009). *Currículum de Educación Física en Primaria para Andalucía*. Wanceulen. Sevilla.

CAÑIZARES, J. Mª y CARBONERO, C. (2009). *Currículum de Educación Física en Primaria*. Wanceulen. Sevilla.

CHINCHILLA, J. L. y ZAGALAZ, M. L. (2002). *Didáctica de la Educación Física*. CCS. Madrid.

CONTRERAS, O. R. y GARCÍA, L. M. (2011). *Didáctica de la Educación Física. Enseñanza de los contenidos desde el constructivismo.* Síntesis. Madrid.

CONTRERAS, O. y CUEVAS, R. (2011). *Las Competencias Básicas desde la Educación Física.* INDE, Barcelona.

FERNÁNDEZ GARCÍA, E. -coord.- (2002). *Didáctica de la Educación Física en la Educación Primaria.* Síntesis. Madrid.

FERNÁNDEZ GARCÍA, E. -coord.- CECCHINI, J. A. y ZAGALAZ, Mª L. (2002). *Didáctica de la educación física en la educación primaria.* Síntesis. Madrid.

GALERA, A. D. (2001). *Manual de didáctica de la educación física. Una perspectiva constructivista moderada.* Vol. I y II. Paidós. Barcelona.

GIL MORALES, P. (2001). *Metodología didáctica de las actividades físicas y deportivas.* Fundación Vipren. Cádiz.

SÁENZ-LÓPEZ, P. (2002). *La Educación Física y su Didáctica.* Wanceulen. Sevilla.

SÁNCHEZ BAÑUELOS, F. (1996) *Bases para una Didáctica de la Educación Física y los Deportes.* Gymnos. Madrid.

SÁNCHEZ BAÑUELOS, F. y FERNÁNDEZ, E. -coords.- (2003). *Didáctica de la Educación Física para Primaria.* Prentice Hall.

SÁNCHEZ GARRIDO, D. y CÓRDOBA, E. (2010). *Manual docente para la autoformación en competencias básicas.* C.E.J.A. Málaga.

VICIANA, J. (2002). *Planificar en Educación Física.* INDE. Barcelona.

VILLADA, P. y VIZUETE, M. (2002). *Los Fundamentos teóricos-didácticos de la Educación Física.* Secretaría General Técnica del M. E. C. D. Madrid.

VV. AA. (2008). *Colección de manuales de atención al alumnado con necesidades específicas de apoyo educativo.* (10 volúmenes). C. E. J. A. Sevilla.

ZAGALAZ, Mª L.; CACHÓN, J.; LARA, A. (2014). *Fundamentos de la programación de Educación Física en Primaria.* Síntesis. Madrid.

Esta relación, o parte de ella, no debe aparecer en exclusiva. Antes que nada debemos recordar que es muy conveniente **reseñar autores y año** de publicación **durante** la **redacción** de los diversos apartados o descriptores. Esto, obviamente, nos obliga a incluirlos en la bibliografía "específica" de cada tema. Por ejemplo, en los temas relacionados con la psicomotricidad (7 – 9 – 10 – 11) recomendamos citar a:

RIGAL, R. (2006). *Educación motriz y educación psicomotriz en Preescolar y Primaria.* INDE. Barcelona.

SASSANO, M. (2015). *El cuerpo como origen del tiempo y del espacio. Enfoques desde la Psicomotricidad.* Miño y Dávila editores. Buenos Aires.

TAMARIT, A. (2016). *Desarrollo cognitivo y motor.* Síntesis. Madrid.

Hay una serie de **documentos legislativos** "obligatorios" porque, entre otras cosas, los hemos debido referir en el examen escrito. Además, debemos reseñar otros **específicos** de los temas. Por ejemplo, si tratamos la "evaluación", debemos anotar la Orden de 4 de noviembre de 2015, por la que se establece la ordenación de la evaluación del proceso de aprendizaje del alumnado de educación Primaria en la Comunidad Autónoma de Andalucía.

La legislación general ya la hemos indicado en el apartado anterior sobre "Introducciones comunes", aunque referida a Andalucía. **Cada persona opositora debe adecuarla a la comunidad autónoma donde se presente.**

WEBGRAFÍA COMÚN A TODOS LOS TEMAS

Hoy día muchas de nuestras fuentes consultadas se encuentran en **Internet**, de ahí que debamos señalar algunas **webs fiables**. Nos inclinamos por revistas electrónicas de prestigio en la didáctica general y en la educación física en particular, así como a los portales de las propias **consejerías** de educación de la comunidades autónomas. Todas ofrecen recursos didácticos, experiencias… y legislación aplicada.

Algunos ejemplos, son:

http://www.agrega2.es
http://recursos.cnice.mec.es/edfisica/
http://www.ite.educacion.es/es/recursos
http://www.educarm.es/admin/recursosEducativos#nogo
www.juntadeandalucia.es/educacion/descargasrecursos/curriculo-primaria/index.html
http://www.gobiernodecanarias.org/educacion/webdgoie/
http://www.educarex.es/web/guest/apoyo-a-la-docencia
http://www.catedu.es/webcatedu/index.php/recursosdidacticos
http://www.adideandalucia.es

TEMA 3

ANATOMÍA Y FISIOLOGÍA HUMANAS IMPLICADAS EN LA ACTIVIDAD FÍSICA. PATOLOGÍAS RELACIONADAS CON EL APARATO MOTOR. EVALUACIÓN Y TRATAMIENTO EN EL PROCESO EDUCATIVO.

ÍNDICE

INTRODUCCIÓN

1. ANATOMÍA HUMANA IMPLICADA EN LA ACTIVIDAD FISICA.

    1.1. Sistema Osteoarticular.

    1.2. Sistema Muscular.

        1.2.1. Estructura del músculo esquelético.

        1.2.2. Localización grandes grupos musculares.

    1.3. Aparato Respiratorio.

    1.4. Sistema Cardiovascular.

    1.5. Sistema Nervioso.

2. FISIOLOGÍA HUMANA IMPLICADA A LA ACTIVIDAD FÍSICA.

    2.1. Metabolismo muscular. Fuentes energéticas para la actividad física.

    2.2. La respiración.

    2.3. El corazón. Recorrido sanguíneo y ritmo cardiaco.

    2.4. La contracción muscular.

        2.4.1. Tipos de trabajo muscular.

        2.4.2. Funciones de los músculos.

    2.5. Efectos que produce la actividad física en la anatomía y fisiología humanas.

3. PATOLOGÍAS RELACIONADAS CON EL APARATO MOTOR. EVALUACIÓN Y TRATAMIENTO EN EL PROCESO EDUCATIVO.

    3.1. Relación del currículo con la anatomo-fisiología y la actividad física saludable.
    3.2. Tipos de patologías.
    3.3. Patologías relacionadas con la postura corporal.
    3.4. Lesiones más habituales referidas con el aparato motor.

CONCLUSIONES
BIBLIOGRAFÍA
WEBGRAFÍA

INTRODUCCIÓN.

El **conocimiento** anatómico y fisiológico humano es imprescindible para el docente especialista en Educación Física habida cuenta que el alumnado debe saber cómo es su propio cuerpo, los beneficios de la actividad física, etc.

No olvidemos que el Área de Educación Física tiene en el cuerpo y el movimiento los ejes básicos de su acción educativa.

"La adquisición de hábitos de vida saludable que favorezcan un adecuado bienestar físico, mental y social", así como *"la utilización responsable del tiempo libre y del ocio, así como el respeto al medio ambiente"*, son capacidades prioritarias a conseguir durante la etapa (D. 97/2015).

A lo largo del Tema veremos en su primera parte la anatomía, es decir, la estructura física del organismo y su intervención en la actividad física escolar. En la segunda parte trataremos la fisiología, o lo que es lo mismo, de qué forma actúan los distintos aparatos y sistemas orgánicos.

Ya en la tercera estudiaremos las enfermedades que afectan al aparato motor y cómo las podemos valorar y atender durante nuestra acción educativa. También cómo debemos actuar en caso de observar alguna de ellas.

1. ANATOMÍA HUMANA IMPLICADA EN LA ACTIVIDAD FISICA.

Para la elaboración de la totalidad de este punto seguimos, fundamentalmente, a Bravo (1998), Ruiz (2000), Comes -coord.- (2000), Navas -coord.- (2001), Barbany, (2002), González Badillo y Gorostiaga (2002), Guillén y Linares -coords.- (2002), Lloret (2003), Gómez Mora (2003), Torres (2005), Meri (2005), Guillén -coord- (2005), Rigal (2006), Piñeiro (2006a), Piñeiro (2006b), Piñeiro (2007), Ayuso (2008), Lara (2008), González Iturri y otros (2009) y Calderón (2012).

Anatomía es la ciencia que estudia la constitución, forma o morfología del cuerpo humano. El aparato locomotor es un conjunto de órganos y estructuras destinados, sobre todo, a realizar los movimientos y a mantener la postura en los seres vivos.

1.1. SISTEMA OSTEOARTICULAR.

Al nacer, nuestro esqueleto es cartilaginoso, aunque el desarrollo hace que se vaya sustituyendo por tejido óseo.

El esqueleto está compuesto por un conjunto de **huesos** unidos entre sí a través de las **articulaciones**, que son los componentes pasivos del aparato locomotor. Los huesos son las palancas del mismo y también asumen la función de contener y proteger los órganos más delicados (S.N.C., corazón y pulmones) y de producir glóbulos rojos en la médula ósea, dan estructura al cuerpo, y almacenan minerales (Ca, P, Na, Mg.). Por todo ello es necesario que tengan rigidez y ésta le viene dada por su composición química, a base de materia inorgánica y proteica.

En cuanto a su **proporción** hay tres grandes grupos de huesos:

- **Largos**, como fémur, tibia y radio.

- **Cortos**, por ejemplo vértebras y tarso.
- **Planos**, como pelvis y cráneo.

Los principales huesos, divididos por **zonas anatómicas**, los resumimos así:

- **Cráneo**: frontal, occipital, parietal, entre otros.
- **Cara**: mandíbula, vómer, maxilar superior e inferior, entre otros.
- **Columna**: vértebras cervicales, dorsales, lumbares, sacras y coccígeas.
- **Cintura escapular**: clavícula, escápula y esternón.
- **Extremidad superior**: húmero, radio, cubito, huesos del carpo, metacarpianos y falanges.
- **Cintura pelviana**: sacro, ilíaco, entre otros.
- **Extremidad inferior**: fémur, tibia, peroné, huesos del tarso, metatarsianos y falanges.

Las **articulaciones** o coyunturas son las superficies de contacto entre dos o más huesos, junto a otros elementos (ligamentos, y cartílagos, entre otros) que protegen, refuerzan e irrigan, con el líquido sinovial, esta unión.

Se clasifican por el **grado de movilidad** que poseen:

- **Diartrosis**. Son las que tienen más movilidad: rodilla, codo, etc.
- **Anfiartrosis**. Son semi móviles, por ejemplo las vértebras.
- **Sinartrosis**. Carecen de movilidad, como las del cráneo.

Poseen tres grandes **funciones:**

- **Estática**. Soportan el peso corporal y permiten al esqueleto ser un conjunto elástico.
- **Dinámica**. Permiten el movimiento de los huesos entre sí.
- **Crecimiento**. Las del cráneo (suturas), permiten el crecimiento del hueso y desaparecen cuando éste termina.

1.2. SISTEMA MUSCULAR.

Compuesto principalmente de fibras contráctiles cilíndricas. Los músculos esqueléticos son la parte **activa** del movimiento y tienen la propiedad de **contraerse** como respuesta a la **estimulación** nerviosa (Gutiérrez, 2015). Además poseen otras funciones como la de sostén de los elementos anatómicos, mantenimiento de la postura, la respiración, movilización del flujo sanguíneo, etc. Viene a constituir el 45 % del peso corporal del adulto. Comprende a más de 600 unidades, siendo 75 pares los que intervienen en la postura y movimiento corporal.

El músculo esquelético humano no es un tejido uniforme, sino que está compuesto por distintos conjuntos de fibras que pueden ser investigadas por sus diferencias histoquímicas, bioquímicas, morfológicas y fisiológicas (Cuadrado, Pablos y Manso, 2006). Nos centramos en los **dos tipos clasificatorios** más conocidos.

1.- Según las **características** de su tejido, destacamos a:

   a) Músculos de **fibra lisa**. Tienen una función automática e involuntaria y se encuentran en el estómago, vísceras, etc. Son de contracción lenta y no pertenecen al sistema locomotor.

   b) Músculos de **fibra estriada**. Se llaman así porque, observados al microscopio, se observan sus estrías. Son de contracción rápida y para su movimiento dependen de la voluntad del individuo, excepto el cardiaco. Señalamos a:

   b.1) Músculo **cardiaco**. De contracción involuntaria, pero depende del sistema nervioso y de la psiquis.

   b.2) Músculo **esquelético**. Se llaman así por estar conectados directamente al esqueleto. Están inervados por los nervios espinales y se hallan bajo regulación voluntaria. Sus funciones son el movimiento corporal y el mantenimiento de la postura.

2.- Por su **coloración**, se clasifican en tres grupos:

   a) Fibra ST (Tipo I o fibras **rojas**). De contracción lenta y muy resistentes.
   b) Fibras FT (Tipo II o fibras **blancas**). Contracción rápida y explosiva.
   c) Fibras mixtas o tipo **intermedio**. Combinación de las dos anteriores.

Lo habitual es que cada músculo tenga todos los tipos de fibra, aunque en proporciones distintas según el individuo, grupo muscular o sección del mismo (Cuadrado, Pablos y García, 2006).

1.2.1. ESTRUCTURA DEL MÚSCULO ESQUELÉTICO.

El músculo tiene como unidad anatómica a la célula o fibra muscular. Está integrado por tres componentes:

MUSCULAR	CONJUNTIVO	OTROS ELEMENTOS
Fibra estriada.	Cumple funciones mecánicas (propiedad elástica), de recubrimiento y protección.	Vasos sanguíneos, conductos linfáticos y nervios.

En cuanto a su **forma**, presenta el **vientre** (zona central) y los **tendones**, que son las formaciones terminales y se insertan en las zonas óseas extremas para su fijación al hueso.

En cuanto a su **estructura**, matizamos de forma resumida que cada músculo es una organización compleja formada por un número elevado de fibras musculares, que a su vez está compuesta por una cantidad variable de **miofibrillas**, o elementos contráctiles de las células musculares, y, por tanto, de menor tamaño y grosor. Las miofibrillas son cilíndricas y alargadas, con estrías, y resultan de la repetición de un número indeterminado de **sarcómeros**, cada uno de éstos delimitados entre dos líneas Z. El sarcómero es la unidad básica de la contracción muscular, la cual se produce gracias al **deslizamiento** de los filamentos proteicos de **actina** y **miosina**. Cada fibra se encuentra rodeada por una membrana de tejido conjuntivo llamada **endomisio**. A su vez, cada grupo de fibras, que se encuentra rodeado por una misma membrana exterior o **perimisio**, constituyen los fascículos musculares. Todos los músculos están formados por diferentes fascículos que se encuentran dentro de una capa externa de tejido conectivo llamada **epimisio**. Todo ello se concentra y prolonga con el **tendón** que une el músculo al hueso (Balius y Pedret, 2013).

1.2.2. LOCALIZACIÓN GRANDES GRUPOS MUSCULARES.

Al igual que hicimos con los huesos, nombramos a los grandes grupos musculares:

CLASIFICACIÓN	LOCALIZACIÓN	MÚSCULOS
M. de la cabeza	Cara anterior	Frontal, nasales, maseteros…
M. del cuello		Esternocleidomastoideo, escalenos
M. del tronco	Cara anterior	Pectorales, serratos, intercostales, oblicuos, recto mayor
	Cara posterior	Trapecios, dorsal ancho
M. de la cavidad torácica		Diafragma
M. extremidad superior	Hombro	Deltoides y redondos
	Brazo	Bíceps, braquial y tríceps
	Antebrazo	Pronadores, supinadores, palmares, flexores y extensores de los dedos
	Mano	Músculos cortos
M. extremidad inferior	Región pélvica	Glúteos, psoas ilíaco
	Muslo	Sartorio, abductores, aductores, cuádriceps, bíceps
	Pierna	Tibial, flexor y extensor de los dedos, gemelos y soleo
	Pie	Músculos cortos

1.3. APARATO RESPIRATORIO.

Tiene la misión de mantener una corriente de aire en los pulmones, en los que la sangre recibe oxígeno y elimina CO_2 mediante los movimientos de inspiración y espiración, circulación sanguínea e intercambio gaseoso.

La parte conductora del aparato respiratorio comienza por la nariz, sigue por la cavidad nasal (circunstancialmente también por la boca), faringe, laringe, tráquea y bronquios, terminando en los pulmones a través de los alvéolos.

Cada alvéolo tiene una finísima pared, rodeada por una tupida red de capilares sanguíneos, por los que circulan los hematíes que serán los "transportistas del oxígeno".

1.4. SISTEMA CARDIOVASCULAR.

Compuesto por el corazón y los vasos sanguíneos (venas, arterias y capilares). Es el encargado de suministrar un adecuado riego a todo el organismo. Se adapta constantemente a todos los esfuerzos y diferentes demandas sanguíneas del cuerpo.

- **Corazón**

    Estructuralmente es un músculo hueco con cuatro cavidades: dos superiores o aurículas y dos inferiores o ventrículos. Cada aurícula comunica con su respectivo ventrículo -de forma vertical- a través de una válvula que permite el paso de la sangre hacia abajo, pero no al contrario. Existen dos circulaciones distintas. La **mayor** y la **menor**. Está constituido por tres capas: **endocardio** o membrana interna que está en contacto con la sangre, **miocardio** o pared muscular intermedia y **pericardio**, que es la membrana fibrosa que rodea externamente al corazón.

- **Arterias**

Son conductos elásticos por los que circula sangre ya oxigenada, excepto la arteria pulmonar. Se ramifican hasta diminutos capilares que llegan a las células de todo el cuerpo para su alimentación.

- **Venas**

Son también conductos iguales a los anteriores, pero la sangre que transportan es de retorno o no oxigenada. La excepción es la vena pulmonar, que sí lleva sangre oxigenada.

Por todo ello, los conductos que salen del corazón son arterias y los que entran son venas.

Sangre

La **sangre** es un **tejido líquido** circulante. En una persona normal, sana, el 45% del volumen de su sangre son células, glóbulos rojos (la mayoría), glóbulos blancos y plaquetas. Un fluido claro y amarillento, llamado plasma y que en su mayor parte es agua, constituye el resto de la sangre.

1.5. SISTEMA NERVIOSO.

Es el conjunto de tejidos y órganos formados por las **neuronas** y sus prolongaciones, y por la **neuroglía** o complejo de células gliales. "Neuro" significa nervio y "glía", pegamento. Tienen funciones de sostén y nutrición y reparan (no regeneran) las lesiones del S. Nervioso. Éste, globalmente, tiene la misión, entre otras, de recibir información y estímulos, canalizarlos, buscar respuestas y dar las órdenes de actuación. Es el que **regula** todo lo que hace el cuerpo. La unidad funcional del tejido nervioso es la célula, llamada **neurona**, que consta de:

- **Cuerpo** celular, que es donde se procesa la información.
- **Axón**, que es por donde la neurona manda la información. Está rodeado de una vaina de **mielina**.
- **Dendritas**, las encargadas de recibir la información.

La sinapsis, que es la relación funcional de contacto entre las terminaciones de las células nerviosas, es fundamental a la hora de transmitir la información.

En cuanto a su clasificación, distinguimos:

- Clasificación **anatómica**:
    - S. N. Central, que está constituido por el encéfalo (cerebro, cerebelo y bulbo) y médula espinal.
    - S. N. Periférico, formado por los nervios o vías sensoriales y motrices.
- Clasificación **funcional**:
    - S. N. Sensitivo, que actúa a nivel de oído, vista, tacto, gusto y olfato.

o S. N. Vegetativo o Autónomo, que regula las funciones vitales tales como el pulso, temperatura corporal, respiración, etc.

2. FISIOLOGÍA HUMANA IMPLICADA EN LA ACTIVIDAD FÍSICA.

Para la elaboración de la totalidad de este punto seguimos, fundamentalmente, a García Manso (1996), Bravo (1998), Ruiz (2000), Comes -coord.- (2000), Naranjo y Centeno (2000), Gal y otros (2001), Barbany, (2002), Guillén y Linares -coords.- (2002), Lloret (2003), Gómez Mora (2003), Torres (2005), Bernal -coord.- (2005a), Meri (2005), Guillén -coord- (2005), Gil (2006), Rigal (2006), Piñeiro (2006a), Piñeiro (2006b), Piñeiro (2007), (Maynar y Maynar, 2008), Rosillo (2010) Fernández del Olmo (2012), Calderón (2012), Córdova (2013) y Gutiérrez (2015).

Fisiología es la ciencia que estudia el funcionamiento del cuerpo humano. Se centra, pues, en los procesos, actividades y fenómenos de las células y tejidos de los organismos vivos, explicando los factores físicos y químicos que causan las funciones vitales.

Nuestro organismo está formado por un conjunto de palancas óseas capaces de moverse gracias a la acción de unos **motores** que se denominan **músculos**. El ordenador que guía los actos que propone nuestra voluntad es el **cerebro**, que ha sido programado por nuestra experiencia vivencial y la herencia genética de nuestros padres. La **energía** la obtenemos partiendo de lo que comemos y respiramos.

2.1. METABOLISMO MUSCULAR. FUENTES ENERGÉTICAS PARA LA ACTIVIDAD FÍSICA.

La energía necesaria para que el músculo se contraiga es suministrada al organismo por los alimentos que ingerimos, los cuales, una vez que han sufrido un proceso de transformación, se convierten en **A.T.P.**, que es el único producto capaz de provocar la contracción muscular. La célula muscular tiene la capacidad de obtener la energía por varios mecanismos que resumimos:

VÍA	SISTEMA	SUSTRATO	DURACIÓN-ESFUERZO
Anaeróbica alactácida	Fosfágenos	ATP-PC	Unos segundos (100 m. lisos) pero a máxima intensidad
Anaeróbica lactácida	Glucólisis anaeróbica	Glucosa	Hasta 1' (200 a 800 m. lisos) a máxima intensidad
Aeróbica	Oxidativo	Glucosa ácidos grasos	Más de 2' a ritmo medio (larga distancia)

2.2. LA RESPIRACION.

La respiración es un proceso que regula el oxígeno y el dióxido de carbono en sangre, en relación con el trabajo del organismo. Para conseguir este objetivo se asocian dos sistemas: respiratorio, realizando el intercambio gaseoso y el circulatorio como transportador de los gases (Guerrero, 2005).

El oxígeno que tomamos por boca o nariz pasa por una serie de conductos hasta llegar a los pulmones, donde ocupa el lugar que deja el CO_2 residual en la sangre. Estos "camiones" del O_2 son "**glóbulos rojos**" que lo transportan a todas las células del organismo por la "autopista" de las arterias y las vías secundarias capilares.

Cuando el oxígeno se ha quemado en la célula, el glóbulo rojo coge los productos residuales (CO_2) y los lleva a los pulmones donde los cambia por O_2 y se repite el proceso. El CO_2 es expulsado por la boca o nariz siguiendo la misma vía que el O_2, pero a la inversa.

No todo lo que comemos y respiramos es transformado en energía: los productos restantes van a parar al exterior por las **vías excretoras**.

2.3. EL CORAZÓN: RECORRIDO SANGUÍNEO Y RITMO CARDIACO.

El corazón es una **bomba** que tiene la función de dar la presión al sistema de tuberías (arterias y venas), que llevan el oxígeno, agua, hormonas, proteínas, vitaminas, elementos energéticos, defensas, etc., a las diversas partes del cuerpo que lo necesita. El miocardio se contrae y produce dos mecanismos contráctiles: **sístole** y **diástole**.

La sangre **circula** a través de todo el cuerpo por el interior de unos vasos denominados **venas** y **arterias**, e irá suministrando el O_2 a los músculos y cogiendo el CO_2 resultado del ciclo aeróbico. La sangre venosa vuelve al corazón y es bombeada de nuevo hacia los pulmones para dejar el CO_2 y reencontrar el O_2.

El **volumen** del corazón humano es variable. El niño tiene el corazón más pequeño que el adulto, mientras que el individuo entrenado lo tiene más grande que el sedentario.

La incidencia del esfuerzo sobre el volumen del corazón no es la misma, depende del ritmo cardiaco. Los esfuerzos anaeróbicos (más de 160 p/m.) amplían el **grosor** de la parte izquierda del corazón, los aeróbicos (entre 120 y 150 p/m.) aumentan el **volumen** de la cavidad.

2.4. LA CONTRACCIÓN MUSCULAR.

Para contraerse, los músculos necesitan que les llegue el impulso nervioso a la **placa motriz**, procedente del S.N.C., así como alimento y oxígeno suficiente. Cuando llega el impulso se libera una sustancia que se llama **acetilcolina**, provocando una despolarización iónica y dando lugar a la contracción de la fibra muscular.

El acortamiento de la fibra viene provocado por la actividad de unas sustancias (proteínas) musculares, denominadas **actina** y **miosina**, al recibir el impulso nervioso y utilizar la energía que da la ruptura de la molécula de ATP en ADP más P.

2.4.1. TIPOS DE TRABAJO MUSCULAR.

Distinguimos a los siguientes **tipos** de contracciones (Segovia y otros, 2009):

SEGÚN LA LONGITUD DEL MÚSCULO	Isométricas (sin modificación)	Anisométricas o Isotónicas (existe modificación)
SEGÚN LA TENSIÓN QUE SE GENERA DURANTE LA CONTRACCIÓN	Isodinámicas (tensión constante)	Alodinámicas (tensión variable)
SEGÚN LA VELOCIDAD DEL MOVIMIENTO EN LA CONTRACCIÓN	Isocinéticas (velocidad constante)	Heterocinéticas (velocidad variable)
SEGÚN LA DIRECCIÓN DEL MOVIMIENTO	Concéntricas (acortamiento muscular)	Excéntricas (alargamiento muscular)

También podemos **clasificar** las contracciones en función de dos parámetros (Segovia y otros, 2009):

SEGÚN EL MOVIMIENTO QUE SE PRODUCE	SEGÚN EL ORIGEN DE LA ORDEN
• Isométrica • Isotónica (Concéntrica y Excéntrica) • Pliométrica • Auxotónica • Isocinética	• Voluntaria (consciente) • Involuntaria (reflejo)

La forma en que el músculo genera **tensión** puede ser, como la contracción, muy variada. Cuadrado, Pablos y García (2006), resaltan dos grandes grupos: **Tónica** (mantenida) y **Fásica** (breve). A partir de aquí surgen numerosas variantes que se corresponden con los tipos de fuerza que se realice: explosivo-tónica, fásica-tónica, explosivo-balística, veloz-cíclica, etc.

2.4.2. FUNCIONES DE LOS MÚSCULOS.

Los músculos se agrupan con distintas funciones:

AGONISTA	SINERGISTA	ANTAGONISTA	FIJADOR
Es el músculo que ejecuta el movimiento. Es el que se contrae y se denomina también motor principal.	**Es el músculo ayudante o el que complementa la acción del agonista.**	**Es el que efectúa el movimiento contrario al agonista. Si el agonista se contrae, el antagonista se distiende.**	Es el que interviene anulando algunos segmentos. Así en el balanceo de las extremidades inferiores, el cuádriceps actúa al nivel de la articulación de la rodilla como músculo fijador

2.5. EFECTOS QUE PRODUCE LA ACTIVIDAD FÍSICA EN LA ANATOMÍA Y FISIOLOGÍA HUMANAS.

La actividad física crea unos efectos a varios niveles. Vemos los de tipo anatómico y fisiológico, pero también son importantes para nosotros los de tipo **psíquico** y **social**.

Siguiendo a Delgado y Tercedor (2002), Martín y Ortega (2002), Gómez Mora, (2003), Sánchez Bañuelos y García -coords.- (2003), Garrote y Legido (2005), Piñeiro (2006a), Piñeiro (2006b), así como a Rodríguez (2006), Contreras y García (2011) y Calderón (2012), destacamos:

- **Efectos sobre el sistema cardiovascular**

    o Mejora la circulación coronaria, evitando la concentración de grasa en sus paredes.

    o Mayor volumen cardiaco y menor frecuencia en reposo.

    o Menor incremento de la frecuencia mediante el ejercicio moderado.

    o Retorno más rápido de la frecuencia y de la presión sanguínea a la normalidad.

    o Mayor utilización del oxígeno de la sangre y tensión arterial más baja.

- **Efectos sobre el sistema respiratorio**

    o Los músculos respiratorios aumentan su eficiencia y mejora la difusión de los gases.

    o Incremento del volumen minuto respiratorio máximo.

    o Descenso en la frecuencia y aumento en la profundidad respiratoria.

- **Efectos sobre el sistema nervioso**

    o Aumento de la capacidad reguladora del sistema vegetativo y la situación de equilibrio del sistema vegetativo se desplaza hacia el tono parasimpático (vagotonía del entrenado).

    o Economía en los procesos metabólicos.

    o Mejora la rapidez de la conducción de estímulos a través de las fibras motrices.

    o Se perfeccionan los mecanismos de producción de impulsos y la coordinación de movimientos.

- **Efectos sobre el aparato locomotor**

    o Modificaciones en las estructuras de los huesos e hipertrofia de las masas musculares.

    o El aumento del número de capilares y del tamaño de la fibra, va acompañado de un progreso importante de fuerza.

    o

- **Efectos sobre la sangre**
    o Se crea un sistema estabilizador evitando la excesiva concentración de ácidos.

3. PATOLOGÍAS RELACIONADAS CON EL APARATO MOTOR. EVALUACIÓN Y TRATAMIENTO EN EL PROCESO EDUCATIVO.

3.1. RELACIÓN DEL CURRÍCULO CON LA ANATOMO-FISIOLOGÍA Y LA ACTIVIDAD FÍSICA SALUDABLE.

Establecemos la relación a través de los siguientes puntos:

a) **Aspectos generales**.

Alrededor del concepto sobre salud nace la educación para la salud, entendida como un proceso de información y responsabilidad del individuo, con el fin de adquirir hábitos, actitudes y conocimientos básicos para la defensa y la promoción de la salud **individual** y **colectiva** (Rodríguez García, 2006). Por lo tanto esta idea no es nueva, educación física-salud mantienen una relación histórica y ésta se acentúa significativamente a **partir del currículo LOGSE** -y se refrenda en el de la L. O. E. y L. E. A y LOMCE (ésta incide en el binomio actividad física diaria y pautas de alimentación saludable), no sólo por la alusión que hace a las CC. Clave, objetivos y contenidos del Área de Educación Física, sino por los de la propia Etapa, otras áreas y Temas Transversales (Garoz y Maldonado, 2004).

Es sabido que la educación para la salud es una tarea multidisciplinar, pero también debe involucrarse la propia familia a través de las A. M. P. A. (Rodríguez García, 2006). *"La educación para la salud es uno de los caminos más adecuados si se pretende instaurar en los niños de infantil, primaria y secundaria unos hábitos y un estilo de vida saludable"* M.E.C. y M. S. (2009).

En Andalucía, la O. 17/03/2015, indica en su Introducción que *"Proporcionar un estilo de vida saludable es un elemento esencial del área de Educación física. Es cierto que son muchos los beneficios que genera la sociedad del conocimiento, pero también ha sido pródiga en costumbres poco saludables desde la infancia, donde el sedentarismo y la obesidad pueden llegar a convertirse en problemas graves para la salud. Desde esta perspectiva, la Educación física ha de tratar de mantener el equilibrio entre actividad y reposo haciendo que la máxima "mens sana in corpore sano" siga teniendo validez. Por ello, la Educación física se debe centrar en plantear propuestas para el desarrollo de planos competenciales relacionados con la salud, y que tendrían como finalidad tanto la adquisición de hábitos saludables en virtud a una práctica regular de actividades físicas como una actitud crítica ante aquellas prácticas sociales ya asentadas o emergentes que resulten perjudiciales. Se trata de que cada alumna o alumno adquieran hábitos saludables que posibiliten sentirse satisfechos con su propia identidad corporal, la cual será vehículo de expresión y comunicación consigo mismo y con los demás"*.

En cualquier caso, no debemos olvidar lo expresado por la LOMCE/2013, en su disposición adicional cuarta sobre *"**promoción de la actividad física y dieta equilibrada**". "Las administraciones educativas adoptarán medidas para que la actividad física y la dieta equilibrada formen parte del comportamiento infantil y juvenil. A estos efectos, dichas Administraciones promoverán la **práctica diaria de deporte y ejercicio físico** por parte de los alumnos y alumnas durante la jornada escolar, en los términos y condiciones que, siguiendo las recomendaciones de los organismos competentes, garanticen un desarrollo adecuado para favorecer una **vida**

activa, saludable y autónoma. El diseño, coordinación y supervisión de las medidas que a estos efectos se adopten en el centro educativo, serán asumidos por el **profesorado con cualificación** o especialización adecuada en estos ámbitos".

b) **CC. Clave**
Competencias sociales y cívica, por cuanto la Educación física ayuda a entender, desarrollar y poner en práctica la relevancia del ejercicio físico y el deporte como medios esenciales para fomentar un estilo de vida saludable que favorezca al propio alumno, su familia o su entorno social próximo. Se hace necesario desde el área el trabajo en hábitos contrarios al sedentarismo, consumo de alcohol y tabaco, etc. La competencia social se relaciona con el bienestar personal y colectivo. Exige entender el modo en que las personas pueden procurarse un estado de salud física y mental óptimo, tanto para ellas mismas como para sus familias y para su entorno social próximo, y saber cómo un estilo de vida saludable puede contribuir a ello.

El área también contribuye en cierta medida a la adquisición de la **competencia en comunicación lingüística**, ofreciendo gran variedad de intercambios comunicativos, del uso de las normas que los rigen y del vocabulario específico que el área aporta. **Competencia digital**, ya que los medios informáticos y audiovisuales ofrecen recursos cada vez más actuales para analizar y presentar infinidad de datos que pueden ser extraídos de las actividades físicas, deportivas, competiciones, etc. El uso de herramientas digitales que permitan la grabación y edición de eventos (fotografías, vídeos, etc.) suponen recursos para el estudio de distintas acciones llevadas a cabo.

c) **Objetivos de etapa**.
Por su parte, el la O. 17/03/2015, indica en el **objetivo de Etapa** "k", "*valorar la higiene y la salud, aceptar el propio cuerpo y el de los otros, respetar las diferencias y utilizar la educación física y el deporte como medios para favorecer el desarrollo personal y social*".

d) **Objetivos de área**.
El **objetivo nº 3 y 4 son los más concretos** en pronunciarse sobre la salud:

O.EF.3. Utilizar la imaginación, creatividad y la expresividad corporal a través del movimiento para comunicar emociones, sensaciones, ideas y estados de ánimo, así como comprender mensajes expresados de este modo.

O.EF.4. Adquirir hábitos de ejercicio físico orientados a una correcta ejecución motriz, a la salud y al bienestar personal, del mismo modo, apreciar y reconocer los efectos del ejercicio físico, la alimentación, el esfuerzo y hábitos posturales para adoptar actitud crítica ante prácticas perjudiciales para la salud.

e) **Contenidos**.
El **Bloque de contenidos nº 2**, "*La Educación física como favorecedora de la salud*", que está constituido por aquellos conocimientos necesarios para que la actividad física resulte saludable, contenidos para la adquisición de hábitos de actividad física a lo largo de la vida, como fuente de bienestar.

f) **Criterios de evaluación**.
En el R.D. 126/2014 también encontramos referencias a la salud en los criterios de evaluación, por ejemplo: "*5. Reconocer los efectos del ejercicio físico, la higiene, la alimentación y los hábitos posturales sobre la salud y el bienestar, manifestando una actitud responsable hacia uno mismo*".

g) Estándares de aprendizaje.

En el R.D. 126/2014 aparecen estos estándares relacionados con la salud:

5.1. Tiene interés por mejorar las capacidades físicas.
5.2. Relaciona los principales hábitos de alimentación con la actividad física (horarios de comidas, calidad/cantidad de los alimentos ingeridos, etc.).
5.3. Identifica los efectos beneficiosos del ejercicio físico para la salud.
5.4. Describe los efectos negativos del sedentarismo, de una dieta desequilibrada y del consumo de alcohol, tabaco y otras sustancias.
5.5. Realiza los calentamientos valorando su función preventiva.

El D. 328/2010, de 13 de julio, por el que se aprueba el Reglamento Orgánico de los colegios de educación infantil y primeria, BOJA nº 139, de 16/07/2010, indica en su artículo 29 *"la prevención de riesgos y la promoción de la seguridad y la salud como bien social y cultural"*.

Bernal -coord.- (2005), indica una serie de pautas a tener en cuenta el docente:

- Prever los riesgos durante las actividades propuestas.
- Conocer el estado inicial de cada escolar.
- Adecuarse a las peculiaridades de los mismos y no llegar a situaciones extremas.
- Revisar los recursos espaciales y materiales antes de su uso.
- Enseñarles a manipular los materiales.
- En cualquier sesión práctica no olvidar sus tres apartados y la relación entre el tiempo de trabajo y el de pausa.

Por otro lado, la utilización de TIC abre un abanico de posibilidades muy ricas, ofreciendo una motivación extra al alumnado (Archanco y García, 2006).

3.2. TIPOS DE PATOLOGÍAS.

Para la elaboración de la totalidad de este punto seguimos, fundamentalmente a Ávila (1990), Magraner (1993), V.V.A.A. (1997), (Cantó y Jiménez, 1997), Navas -coord.-, (2001), Rodríguez y Gusi -coords.- (2002), Delgado y Tercedor (2002), Benavente, Pascual y Rodríguez (2002), Pérez, Gimeno y Ortega (2002), Chaqués (2004), Rodríguez (2004), González y González (2004), Hernández y Velázquez (2004), Bernal -coord.- (2005b), Rodríguez García (2006), Gil (2006), De la Cruz (2006), Sainz y otros (2006), Miralles y Miralles (2006), Guten (2007), Arufe y otros (2009), Pastrana -coord.- (2009), Guillén y otros (2009), Rosillo (2010), Paredes et al. (2012) y Balius y Pedret (2013).

"**Patología**" es la parte de la medicina que estudia las enfermedades. Si hablamos de patología del aparato motor debemos incluir las **lesiones** ya que estas afecciones producen dolor, aunque no se traten de enfermedades específicas, tal como denota el término "patología". Por su parte, "enfermedad" es toda alteración más o menos importante de la salud.

El organismo de niñas y niños entre los seis y once años tiene unas **peculiaridades** que le hacen más sensible a ciertas patologías que el de la persona adulta. Por ejemplo, menos masa muscular, mayor flexibilidad, aparición del cartílago de crecimiento, estrés, inestabilidad emocional…

Podemos **dividir** en **dos grupos** estas patologías:

P. que surgen por brotes, con **poca afectación** en la capacidad de movimiento y **tiempo limitado**.	Alteraciones en el crecimiento: osteocondrosis y osteocondritis (Tema 4).
	Modificaciones en la estática y alineaciones en raquis, caderas, rodillas y pies: lordosis, varo, plano...
P. de **gran afectación** motriz, de carácter definitivo y/o que se **incrementan con el tiempo**.	Parálisis: monoplejía, etc.
	Enfermedades neuromusculares de etiología degenerativa: distrofia, etc. (Tema 4).

Las patologías referidas al aparato motor son muy numerosas, por lo que vamos a adecuar el volumen de información a las más corrientes expuestas de manera muy resumida, dadas las características del examen escrito. **Primero** veremos las **afecciones** referidas al raquis o columna y después nos detendremos brevemente en las caderas, rodillas y pies. **Posteriormente** nos referiremos a las **lesiones** más habituales del aparato motor.

Zagalaz, Cachón y Lara (2014), resumen en **cinco grupos** los **riesgos**: **físicos** (en muchos casos pueden revestir gravedad); **psicológicos** (por la presión de ganar); **motrices** (por la pobreza de movimiento que genera la falta de experiencia o especializarse en un solo deporte); **deportivo** (abandono por insatisfacción); **personales** (por exceso de tiempo dedicado al deporte que pueden llevar al fracaso escolar).

3.3. PATOLOGÍAS RELACIONADAS CON LA POSTURA CORPORAL.

a) **Columna vertebral**.

Casi la totalidad de las modificaciones posturales que tiene habitualmente el alumnado de Primaria es de etiología postural o "**actitud postural no estructurada** de la columna", es decir, que no afectan a la disposición de los elementos vertebrales y suelen corregirse fácilmente. Pero por otro está la **Escoliosis Asentada** o Verdadera. En el primer caso el tratamiento es eficaz casi en el 100% de los casos, pero en el segundo la solución es más difícil, si bien en las edades que contemplamos es menos frecuente encontrar una alteración grave, de tal forma que lo habitual es encontrarnos con problemas de desalineación y los defectos congénitos. Destacamos:

- **Híper Lordosis**: Es el aumento de la lordosis fisiológica. Puede ser congénita o constitucional, pero la más frecuente es la hiper lordosis de posición sin malformaciones y por incorrecto equilibrio de colocación en la pelvis (a menudo por una insuficiencia abdominal) y que se fija progresivamente.

- **Escoliosis**: Es toda desviación lateral del raquis, y que empieza a ser de cierta gravedad a partir de los $30°$.

- **Hiper Cifosis**: La vulgarmente llamada cifosis es una exageración o inversión de una curvatura antero-posterior. Este término abarca frecuentemente la cifosis dorsal, compensada a menudo por una Hiper lordosis lumbar.

- **Sacralización de la 5ª Lumbar**. Consiste en la fusión de la quinta vértebra lumbar con el hueso sacro.

- **Espina bífida oculta**. Es una apertura en uno o más huesos de la columna vertebral que no causa daño alguno a la médula espinal.

<u>Evaluación y tratamiento</u>. Debemos proceder con cautela y que sea el médico quien dicte la actuación. En algunos casos quien la padece se ve obligado a llevar corsé y éste no se puede quitar. En otras ocasiones sucede al contrario, si bien limita mucho la motricidad. Eso sí, casi siempre lo más recomendado es potenciar la zona dorsal y abdominal en piscina.

b) **Cadera y pelvis**.

La cadera es la región que se encuentra a ambos lados de la pelvis. Destacamos a:

- **Epifisiolisis de la cabeza del fémur**. Desplazamiento de la cabeza del fémur debido a una fractura del cartílago de crecimiento. Es un problema frecuente durante la infancia y adolescencia.

- **Enfermedad de Legg-Calvé-Perthes**. Localizada en la cadera donde se produce una debilidad progresiva de la cabeza del fémur y que puede provocar una deformidad permanente de la misma.

La pelvis es la región anatómica limitada por los huesos que forman la cintura pélvica, compuesta por la unión de los dos coxales (ilion, isquion y pubis) y el hueso sacro. Distinguimos a:

- **Plano frontal**. Desniveles pélvicos, bien por causa de una escoliosis, bien por diferencia de longitudes de los miembros inferiores, entre otras causas. Suele corregirse con un alza.

- **Plano sagital**. Anteversiones y retroversiones, que influyen sobre las curvaturas sagitales de la columna.

<u>Evaluación y tratamiento</u>. Debemos proceder con cautela y restringir la actividad física que implique la movilización de la zona. En todo caso, algunos tipos de actividades relacionadas con lanzamientos, expresión, etc. puede hacerse, pero siempre bajo consejo médico.

c) **Rodillas**.

Algunos alumnos presentan, ya desde pequeños, una serie de desviaciones que es necesario observar porque a esas edades es más fácil corregir ortopédicamente hablando:

- Desviaciones **antero posteriores**:

    o **Genuvaro**. Reconocido por la posición de las rodillas en "( )". Tienen varios centímetros de separación entre las caras internas de las rodillas.
    o **Genuvalgo**. Las rodillas tienen forma de "X". Es más común en mujeres y en hombres altos.

- Desviaciones **laterales**:

    o **Genu-recurvatum**. Reconocido por una hiperextensión de rodillas, debido a una laxitud articular.
    o **Genu-flexo**. La rodilla suele estar siempre con una leve flexión.

Evaluación y tratamiento. Debemos detectar cualquiera de estas anomalías para informar a la familia y que ésta acuda con su hija o hijo al especialista. Es fácil comprobarlo poniendo al alumnado de pie con las rodillas juntas y observándolo. También durante la carrera podemos hacerlo. El informe del médico será determinante para nuestra actuación.

d) **Pie**.

Es una zona con una patología muy amplia. Las alteraciones más comunes, son:

- **Pie Plano**. Es un hundimiento de la bóveda plantar, de más o menos importancia. Es fácil apreciar observando la huella del pie descalzo, por ejemplo, al salir de la ducha. Existen diversas variantes: fisiológico, falso, raquítico, valgo, congénito, etc.

- **Pie Cavo**. Se reconoce por la remarcada bóveda plantar. Hay dos tipos más fundamentales: fisiológico y patológico, que además se sub-divide en unilateral, traumático y patológico.

- **Otros.** En la bibliografía especializada figuran muchos más tipos, incluso los mismos aparecen con apelativos distintos. Señalamos al pie talo (bóveda muy exagerada); pie varo (apoyo con la parte externa del talón) y pie zambo (apoyo con toda la parte externa del pie).

Evaluación y tratamiento. Si lo detectamos debemos avisar a la familia. En general, el tratamiento de estas patologías, es fisioterapéutico y ortopédico.

3.4. LESIONES MÁS HABITUALES REFERIDAS CON EL APARATO MOTOR.

Una **lesión** es un cambio anormal en la estructura de una parte del cuerpo, producida por un daño externo o interno al realizar actividad físico-deportiva. Las lesiones producen una **alteración** en la **función** de aparatos, órganos y sistemas, trastornando la salud. Resumimos en la siguiente tabla las más habituales a nivel muscular, óseo y articular:

MUSCULAR	HUESO	ARTICULACIÓN
- Contusión o golpe - Agujeta: dolor post esfuerzo - Calambre: contracción involuntaria por sobre esfuerzo - Contractura: exceso de trabajo que produce dolor y tensión - Tendinitis: inflamación del tendón - Rotura (vulgo "tirón"): falta de continuidad en el tejido	- Periostitis: inflamación periostio o capa externa hueso, normalmente de la tibia - Fractura: pérdida de continuidad del tejido óseo. Algunas variedades.	- Luxación: pérdida de contacto de las superficies articulares - Esguince: torsión del ligamento. Son más habituales en tobillos y rodillas - Artritis: degeneración articular

Evaluación y tratamiento. Si lo detectamos debemos avisar a la familia. En general, el tratamiento a medio y largo plazo de estas patologías, es fisioterapéutico y ortopédico. Nosotros, dentro de nuestras limitaciones haremos una actuación de urgencia en primeros auxilios. La regla nemotécnica de "**FCERA**" (frío local; compresión de la zona con vendaje; **e**levación del miembro lesionado para evitar la hinchazón o edema; **r**eposo; **a**tención médica), suele ser muy acertada en todos los casos.

Así pues, cualquier patología que se nos presente, por regla general, deberá ser evaluada por el médico, quien nos deberá dar unas pautas a seguir, **adaptando** las actividades que puedan ser contraproducentes. La operatividad de la familia es muy importante en estos casos.

CONCLUSIONES

En el tema hemos visto la importancia de la anatomía y fisiología en el desarrollo del alumnado. También hemos estudiado cómo la actividad física y deportiva, bien realizada, tiene unos efectos beneficiosos en el organismo infantil y juvenil. Por el contrario, esta actividad si se realiza en sitios o en condiciones inadecuadas, pone en riesgo la salud de los practicantes. De ahí surgen las lesiones musculares, tendinosas, articulares, etc.

El docente debe evaluar cada situación particular para adaptar el currículo según el caso. Aquí influye la colaboración de la familia y del médico especialista.

La Educación Física en las edades de escolarización debe tener una presencia importante en la jornada escolar si se quiere ayudar a paliar el sedentarismo, que es uno de los factores de riesgo identificados, que influye en algunas de las enfermedades más extendidas en la sociedad actual. Los niveles que la Educación Física plantea tienen que adecuarse al nivel de desarrollo de las alumnas y de los alumnos, teniendo siempre presente que la conducta motriz es el principal objeto de la asignatura y que en esa conducta motriz deben quedar aglutinados tanto las intenciones de quien las realiza como los procesos que se pone en juego para realizarla.

Por otro lado hay que resaltar el compromiso con el alumnado para crearles hábitos de salud a través de la alimentación, rehidratación, juego motor, etc.

BIBLIOGRAFÍA

- ARUFE, V.; MARTÍNEZ, Mª J..; GARCÍA SOIDÁN, J. L. (2009). *Entrenamiento en niños y jóvenes deportistas*. Wanceulen. Sevilla.
- AVILA, F. (1990). *Higiene y precauciones para la práctica del deporte en sujetos con alteraciones ortopédicas no invalidantes*. En RIVAS, J. -coord.-. *Educación para la salud en la práctica deportiva escolar*. Unisport. Málaga.
- AYUSO, J. L. (2008). *Anatomía funcional del aparato locomotor*. Wanceulen. Sevilla.
- BALIUS, R. y PEDRET, C. (2013). *Lesiones musculares en el deporte*. Panamericana. Madrid.
- BARBANY, J. R. (2002). *Fisiología del ejercicio físico y del entrenamiento*. Paidotribo. Barcelona.
- BENAVENTE, A. M.; PASCUAL, F. y RODRÍGUEZ, L. P. (2002). *Alteraciones y lesiones traumatológicas y ortopédicas deportivas del hombro y codo*. En RODRÍGUEZ, L. P. y GUSI, N. (Coords.). *Manual de prevención y rehabilitación de lesiones deportivas*. Síntesis. Madrid.
- BERNAL, J. A. -coord.- (2005a). *La nutrición en la educación física y el deporte*. Wanceulen. Sevilla.
- BERNAL, J. A. -coord.- (2005b). *Prevención de lesiones y primeros auxilios*. Wanceulen. Sevilla.

- BRAVO, J. (1998). *Fundamentos anatómico-fisiológicos del cuerpo humano aplicados a la Educación Física I y II*. Aljibe. Málaga.
- CALDERÓN, F. J. (2012). *Fisiología humana. Aplicación a la actividad física*. Panamericana. Madrid.
- CANTÓ, R. y JIMÉNEZ, J. (1997). *La columna vertebral en la edad escolar*. Gymnos. Madrid.
- CHAQUÉS, F. (2004). *Lesiones ligamentosas de tobillo en el niño*. En ROMERO, S. y PRADA, A. (coords.) *Lesiones deportivas en el niño y adolescente*. Wanceulen. Sevilla.
- COMES, M. (coord.) (2000). *El ser humano y el esfuerzo físico*. INDE. Barcelona.
- CONTRERAS, O. R. y GARCÍA, L. M. (2011). *Didáctica de la Educación Física. Enseñanza de los contenidos desde el constructivismo*. Síntesis. Madrid.
- CÓRDOVA, A. (2013). *Fisiología deportiva*. Síntesis. Madrid.
- CUADRADO, G.; PABLOS, C.; GARCÍA, J. (2006). *Aspectos metodológicos y fisiológicos del trabajo de hipertrofia muscular*. Wanceulen. Sevilla.
- DE LA CRUZ, B. (2006). *Lesiones por sobreuso en el niño deportista. Salud, deporte e infancia*. En Actas del IV Congreso "Deporte en edad escolar". P. M. D. Ayuntamiento de Dos Hermanas (Sevilla).
- DELGADO, M. y TERCEDOR, P. (2002). *Estrategias de intervención en educación para la salud desde la Educación Física*. INDE. Barcelona.
- FERNÁNDEZ DEL OLMO, M. A. (2012). *Neurofisiología aplicada a la actividad física*. Síntesis. Madrid.
- GAL, B. y Otros. (2001). *Bases de la Fisiología*. Tébar. Madrid.
- GARCÍA MANSO (1996). *Bases teóricas del entrenamiento deportivo. Principios y aplicaciones*. Gymnos. Madrid.
- GARROTE, N. y LEGIDO, J. C. (2005). *Actividad física-educación física-salud*. En GUILLÉN, M. (coord.) *"El ejercicio físico como alternativa terapéutica para la salud"*. Wanceulen. Sevilla
- GIL MORALES, P. A. (2006). *Primeros Auxilios en Animación Deportiva*. Wanceulen. Sevilla.
- GÓMEZ MORA, J. (2003). *Fundamentos biológicos del ejercicio físico*. Wanceulen. Sevilla.
- GONZÁLEZ, P. y GONZÁLEZ, J. (2004). *Lesiones deportivas del miembro superior*. En ROMERO, S. y PRADA, A. (coords.) *Lesiones deportivas en el niño y adolescente*. Wanceulen. Sevilla.
- GONZÁLEZ BADILLO, J. J. y GOROSTIAGA, E. (2002). *Fundamentos del entrenamiento de la fuerza*. INDE. Barcelona.
- GÓNZALEZ ITURRI, J. J. y otros (2009). *Columna vertebral y ejercicio físico*. En GUILLÉN, M. y ARIZA. L. *Las Ciencias de la Actividad Física y el Deporte como fundamento para la práctica deportiva*. U. de Córdoba.
- GUERRERO, S. (2005). *La relajación y la respiración*. Wanceulen. Sevilla.
- GUILLÉN, M. y LINARES, D. (2002). *Bases biológicas y fisiológicas del movimiento humano*. Médica Panamericana. Madrid.
- GUILLÉN, M. y OTROS (2009). *Lesiones deportivas en la infancia y en la adolescencia*. En GUILLÉN, M. y ARIZA. L. *Las Ciencias de la Actividad Física y el Deporte como fundamento para la práctica deportiva*. U. de Córdoba.
- GUTEN, G. (2007). *Lesiones en deportes al aire libre: descripción, prevención y tratamiento*. Desnivel. Madrid.
- GUTIÉRREZ, M. (2015). *Fundamentos de biomecánica deportiva*. Síntesis. Madrid.
- HERNÁNDEZ, J. L. y VELÁZQUEZ, R. (2004). *La evaluación en Educación Física*. Graó. Barcelona.
- HERRADOR, J. A. (2015). *Riesgos laborales en Educación Física: prevención de accidentes y lesiones*. Formación Alcalá. Jaén.
- JUNTA DE ANDALUCÍA (2007). *Ley 17/2007, de 10 de diciembre, de Educación de Andalucía (L. E. A.)*. B. O. J. A. nº 252, de 26/12/07.

- JUNTA DE ANDALUCÍA (2002). *Decreto 137/2002, de 30/04/02. "Plan de Apoyo a las Familias Andaluzas"*. B.O.J.A. nº 52 de 04/05/2002.
- JUNTA DE ANDALUCÍA (2006). *Orden de 15 de mayo de 2006, por la que se establecen las bases para impulsar la investigación educativa en los centros docentes públicos de la Comunidad Autónoma de Andalucía dependientes de la Consejería de Educación.*
- JUNTA DE ANDALUCÍA (2006). *Orden de 1 de septiembre de 2006, por la que se modifica la de 27 de mayo de 2005, por la que se regula la organización y el funcionamiento de las medidas contempladas en el plan de apoyo a las familias andaluzas relativas a la ampliación del horario de los Centros docentes públicos y al desarrollo de los servicios de aula matinal, comedor y actividades extraescolares.* B.O.J.A. nº 185, de 22/09/2006.
- JUNTA DE ANDALUCÍA (2007). *Resolución de 10/04/2007, de la D. G. de Innovación Educativa y Formación del Profesorado, por la que se aprueban Proyectos de Investigación Educativa y se conceden subvenciones.* B. O. J. A. nº 87 de 04/05/2007.
- JUNTA DE ANDALUCÍA (2010). *Decreto 328/2010, de 13 de julio, por el que se aprueba el Reglamento Orgánico de las escuelas infantiles de segundo grado, de los colegios de educación primaria, de los colegios de educación infantil y primaria, y de los centros públicos específicos de educación especial.* BOJA nº 139, de 16/07/2010.
- JUNTA DE ANDALUCÍA (2010). *Orden de 20 de agosto de 2010, por la que se regula la organización y el funcionamiento de las escuelas infantiles de segundo ciclo, de los colegios de educación primaria, de los colegios de educación infantil y primaria, y de los centros públicos específicos de educación especial, así como el horario de los centros, del alumnado y del profesorado.* BOJA nº 169, de 30/08/2010.
- JUNTA DE ANDALUCÍA (2015). *Orden de 17 de marzo de 2015, por la que se desarrolla el currículo correspondiente a la educación Primaria en Andalucía.* BOJA nº 60 de 27/03/2015.
- JUNTA DE ANDALUCÍA (2015). *Decreto 97/2015, de 3 de marzo, por el que se establece la ordenación y el currículo de la educación Primaria en la comunidad Autónoma de Andalucía.* BOJA nº 50 de 13/013/2015.
- LARA, M. J. (2008). *Biomecánica de la arquitectura muscular.* Wanceulen. Sevilla.
- LLORET, M. (2003). *Anatomía aplicada a la actividad física y deportiva.* Paidotribo. Barcelona.
- MAGRANER, X. (1993). *El niño, su cuerpo y la actividad física.* En VV. AA. *Fundamento de Educación Física para Enseñanza Primaria.* Volumen 1. INDE. Barcelona.
- MARTÍN, A. y ORTEGA, R. (2002). *Actividad física y salud.* En GUILLÉN, M. y LINARES, D. (coords.). *Bases biológicas y fisiológicas del movimiento humano.* Médica Panamericana. Madrid.
- MAYNAR, M. y MAYNAR, J. I. (2008). *Fisiología aplicada a los deportes.* Wanceulen. Sevilla.
- M.E.C. (2013). *Ley Orgánica 8/2013, de 9 de diciembre, para la mejora de la calidad educativa.* BOE Nº 295, de 10/12/2013.
- M.E.C. (2014). *R. D. 126/2014, de 28 de febrero, por el que se establece el currículo básico de la Educación Primaria.* B.O.E. nº 52, de 01/03/2014.
- M. E. C. (2006). Ley Orgánica 2/2006, de 3 de mayo, de Educación (L. O. E.). B. O. E. nº 106, de 04/05/2006, modificada en algunos artículos por la LOMCE/2013.
- *ECD/65/2015, O. de 21 de enero, por la que se describen las relaciones entre las competencias, los contenidos y los criterios de evaluación de la educación primaria, la educación secundaria obligatoria y el bachillerato.* B.O.E. nº 25, de 29/01/2015.
- MERI, A. (2005). *Fundamentos de fisiología de la actividad física y el deporte.* Médica Panamericana. Buenos Aires.
- NARANJO, J. y CENTENO, R. (2000). *Bases fisiológicas del entrenamiento deportivo.* Wanceulen. Sevilla.

- NAVAS, F. (Coord.). (2001). *Anatomía del movimiento y urgencias en el deporte*. Gymnos. Madrid.
- PAREDES, V. et al. (2012). *La readaptación físico-deportiva de lesiones*. Onporsport. Madrid.
- PASTRANA, R. -coord.- (2009). *Lesiones deportivas: mecanismo, clínica y rehabilitación*. Universidad de Málaga. Málaga.
- PÉREZ, J. A.; GIMENO, S. y ORTEGA, R. (2002). *Primeros auxilios y emergencias*. En GUILLÉN, M. y LINARES, D. (coords.). *Bases biológicas y fisiológicas del movimiento humano*. Médica Panamericana. Madrid.
- PIÑEIRO, R. (2006a). *La fuerza y el sistema muscular*. Wanceulen. Sevilla.
- PIÑEIRO, R. (2006b). *La resistencia y el sistema cardiorrespiratorio*. Wanceulen. Sevilla.
- PIÑEIRO, R. (2007). *La velocidad y el sistema nervioso*. Wanceulen. Sevilla.
- RIGAL, R. (2006). *Educación motriz y educación psicomotriz en Preescolar y Primaria*. INDE. Barcelona.
- RODRÍGUEZ, L. P. y GUSI, N. (2002). *Manual de prevención y rehabilitación de lesiones deportivas*. Síntesis. Madrid.
- RODRÍGUEZ, P. L. (2004). *La postura corporal: intervención en Educación Física escolar*. Universidad de Murcia. Murcia.
- RODRÍGUEZ GARCÍA, P. L. (2006). *Educación Física y Salud en Primaria*. INDE. Barcelona.
- ROSILLO, S. (2010). *Contraindicaciones. Plan educativo de adquisición de hábitos de vida saludable en la educación*. Procompal. Almería.
- RUIZ RODRÍGUEZ, L (2000). *Bases biológicas y fisiológicas del movimiento*. En ORTIZ, M. M. (coord.) *Comunicación y lenguaje corporal*. Proyecto Sur de Ediciones, S. L. Granada.
- SAINZ, P.; RODRÍGUEZ, P. SANTONJA, F. y ANDÚJAR, P. (2006). *La columna vertebral del escolar*. Wanceulen. Sevilla.
- SEGOVIA, J. C. (2009). *Pruebas de valoración de la contracción muscular*. En GUILLÉN, M. y ARIZA. L. *Las Ciencias de la Actividad Física y el Deporte como fundamento para la práctica deportiva*. U. de Córdoba.
- SÁNCHEZ BAÑUELOS, F. (2003). *El desarrollo de la competencia motriz en los estudiantes*. En SÁNCHEZ BAÑUELOS, F. y FERNÁNDEZ, E. -coords.-. *Didáctica de la Educación Física*. Prentice Hall. Madrid.
- TORRES, M. A. (2005). *Enciclopedia de la Educación Física y el Deporte*. Ediciones del Serbal. Barcelona.
- VV. AA. (1997). *Problemas de salud en la práctica física-deportiva. Actuaciones y Adaptaciones Curriculares*. Wanceulen. Sevilla.

WEBGRAFÍA (Consulta en octubre de 2015).
http://www.agrega2.es
http://recursos.cnice.mec.es/edfisica/
http://www.ite.educacion.es/es/recursos
www.juntadeandalucia.es/educacion/descargasrecursos/curriculo-primaria/index.html
http://www.guiaderecursos.com/webseducativas.php
http://www.adideandalucia.es

www.ingramcontent.com/pod-product-compliance
Lightning Source LLC
Chambersburg PA
CBHW080257170426
43192CB00014BA/2702